Martin Breul – Aaron Langenfeld –
Sarah Rosenhauer – Fana Schiefen

Gibt es Gott wirklich?

Martin Breul – Aaron Langenfeld –
Sarah Rosenhauer – Fana Schiefen

Gibt es Gott wirklich?

Gründe für den Glauben. Ein Streitgespräch

HERDER

FREIBURG · BASEL · WIEN

Hermann-Herder-Straße 4, D-79104 Freiburg i. Br.

www.herder.de
produktsicherheit@herder.de

Umschlaggestaltung: Verlag Herder
Satz: Barbara Herrmann, Freiburg

Printed in Germany

ISBN Print 978-3-451-38735-7
ISBN E-Book (PDF) 978-3-451-83735-7

Vorwort

Gibt es Gott wirklich? Diese alte Frage treibt Menschen seit Jahrtausenden um. In diesem Buch geht es um Argumente, die dafür werben, die Frage mit Ja zu beantworten. Im Blickpunkt stehen dabei vier Argumentationsformen, die in der Geschichte von Philosophie und Theologie klassische Rechtfertigungen der Vernunft des Glaubens waren: Der ontologische Gottesbeweis, der kosmologische Gottesbeweis, die Postulatenlehre Immanuel Kants und das Argument aus der religiösen Erfahrung. Den Autorinnen und Autoren geht es aber nicht einfach um eine Verteidigung der Urform dieser klassischen Argumente, sondern vielmehr um eine Reflexion der Frage, ob diese Argumente auch unter den erkenntnistheoretischen Bedingungen und in den sozialen Kontexten des 21. Jahrhunderts hilfreich sein können, die Frage nach der Existenz Gottes zu beantworten.

Das Format des Bandes ist dialogisch angelegt: Zunächst widmen sich die Beiträge der Rekonstruktion und Transformation einer der genannten Argumentationsmuster. Aaron Langenfeld versucht das ontologische Argument existenzphilosophisch zu plausibilisieren und so neu an die Anforderungen rationaler Glaubensverantwortung in der Spätmoderne heranzuführen. Fana Schiefen nimmt kosmologische Argumente in den Blick und verteidigt die Auffassung, dass sie auch heute noch wichtige Aufgaben für Theologie und Philosophie übernehmen, auch wenn sich ein Gottesbeweis im strengen Sinne nicht mehr aus ihnen ableiten lässt. Konkret haben sie eine religionskritische und eine integrative Funktion, die sie für die Verantwortung des Gottesglaubens nützlich werden lassen. Martin Breul rekonstruiert die kantische Postulatenlehre und zielt in seiner Argumentation auf eine existenzial reformulierte Form des ‚praktischen Vernunftglaubens' für das Projekt einer rationalen Glaubensverantwortung im 21. Jahrhundert. Sarah Rosenhauer widmet sich dem Argument aus der religiösen Erfahrung und zeigt auf, dass die Kategorie des Wunders als die Erfahrung der befreienden Intervention eines Anderen in unsere Welt und unsere Freiheit gute Gründe für die Annahme der Wirklichkeit Gottes bietet.

Im Anschluss an diese Haupttexte finden sich hinter jedem Beitrag kurze Repliken der jeweils drei anderen Autorinnen und Autoren, die mit dem Haupttext in einen Dialog treten und die Chancen und Grenzen der jeweiligen Argumentationsform in diesem ‚Streitgespräch' ausloten möchten. Auf diesem Wege ist nicht nur eine vertiefte Auseinandersetzung mit den jeweiligen Argumenten möglich, sondern auch das Aufspüren von Querverstrebungen innerhalb der verschiedenen Argumentationsmuster für die Vernunft des Gottesglaubens.

An dieser Stelle möchten wir auch unseren herzlichen Dank an Herrn Dr. Stephan Weber vom Herder Verlag zum Ausdruck bringen, der das innovative Format des Buches von Anfang an unterstützt und den Entstehungsprozess mit großem Engagement begleitet hat. Ebenso gebührt Frau Theresa Oesselke und Frau Anna-Maria Rakus großer Dank für Hilfen beim Korrekturlesen und der Redaktion des Manuskripts.

Wir hoffen, mit diesem Buch eine gut lesbare und zugleich differenzierte Einführung in einige gegenwärtig diskutierte Argumente für die Vernunft des Glaubens an die Wirklichkeit Gottes zu geben. Auch wenn wir verschiedene Wege wählen, um die im Buchtitel gestellte Frage zu beantworten, so eint uns das Ziel, auf das wir zulaufen. Wir beantworten die Frage: ‚Gibt es Gott wirklich?' mit Ja – und wir hoffen mit unseren Überlegungen zu zeigen, dass es eine Vielzahl attraktiver Möglichkeiten gibt, diese Antwort gut zu begründen.

Die Autorinnen und Autoren,
im Januar 2022

Inhalt

Wirklichkeit begreifen

Versuch einer Plausibilisierung des ontologischen Arguments unter existenzphilosophischen Vorzeichen

Aaron Langenfeld

1. Die Leere des Begriffs

Ist es heute möglich, zu glauben? – Soziologisch betrachtet ist der Glaube auch in den nordatlantischen Ländern natürlich noch immer (oder nur noch) eine Option,[1] aber kann man in und mit ihm leben, ohne den Anspruch aufgeklärter Vernunft teilweise verabschieden zu müssen?[2] Lässt sich also der Glaube so nachvollziehbar machen, dass er auch *außerhalb* der Religion als Option wahrgenommen wird und nicht als vernunftwidrig erscheinen muss, dass er eigentlich eine *Un*möglichkeit für denkende Menschen darstellt?

Es ist offensichtlich unmöglich, diese Frage zu beantworten, ohne die Bedeutung von ‚Glaube' zu kennen. Im öffentlichen Streit um die Religion ist allerdings an die Stelle eines Bemühens um das Verstehen der Inhalte des Glaubensbegriffs nicht selten die Auffassung getreten, diese Inhalte seien unverständlich.[3] Der Annahme, religiöse Menschen glaubten, dass Gott ein gerissener Strippenzieher hinter den Kulissen von Natur und Geschichte sei, entspricht in der Konsequenz die Annahme, dass diese Überzeugung irrational ist und daher im Grunde *keine* weltanschauliche Option darstellt. Die Vorstellung einer Irrationalität bzw. Arationalität der Religion ist inzwi-

[1] Vgl. zur Bestimmung des Glaubens als Option etwa prominent CHARLES TAYLOR, Ein säkulares Zeitalter, Frankfurt a. M. 2009; HANS JOAS, Glaube als Option. Zukunftsmöglichkeiten des Christentums, Freiburg – Basel – Wien 2012.

[2] So lautet ja im Grunde der Vorwurf neuerer Religionskritiken im Stile von RICHARD DAWKINS, Der Gotteswahn, Berlin ^{8}2007.

[3] Aufgearbeitet ist diese Problematik in hervorragender Weise bei PAUL SEUNGOH CHUNG, God at the Crossroads of Worldviews. Toward a Different Debate About the Existence of God, Notre Dame 2016.

schen auch noch in wohlwollend kritischen Reflexionen des Glaubens selbstverständlich.[4]

Ein Grundproblem, das sich in diesem Zusammenhang zeigt, ist eine Skepsis gegen den Begriff. Gemeint ist damit die mittlerweile wieder vielfältig kritisierte, aber gerade im Alltag noch immer dominante Ansicht, Erkenntnis sei identisch mit Empirie. Nur das gilt als wertvoll für Erkenntnis, was wahrgenommen und vermessen werden kann, nicht aber die Begriffe, mittels derer das Wahrgenommene und Gemessene sortiert und in einen Zusammenhang gestellt wird. Das entspricht zwar der Alltagsintuition, dass es ‚klare Fakten' auf der einen Seite und ‚schwammige Begriffe' auf der anderen gebe. Dabei wird aber bisweilen übersehen, dass die Fakten, so evident und klar sie auch erscheinen, *nicht außerhalb* unserer Begriffe erfasst werden. Diese erkenntnistheoretische Grundeinsicht, die sich von Immanuel Kant („Anschauungen ohne Begriffe sind blind"[5]) bis zu Ludwig Wittgenstein („Die Grenzen meiner Sprache bedeuten die Grenzen meiner Welt"[6]) nachvollziehen lässt, behauptet nicht zwangsläufig, dass es so etwas wie ein wirklichkeitsresistentes Begriffsschema gibt.[7] Sie behauptet aber, dass man vom Verstehen einer Sache nicht sprechen kann, ohne den *Zusammenhang* von Sache und ihrem Begreifen selbst zu reflektieren. *Im Verstehen ist der Begriff Teil der Sache selbst.*

Die empirische Beschreibung *der* Wirklichkeit ist demnach zugleich immer rückgebunden an das Nachdenken über die Begriffe, *in denen* Wirklichkeit beschrieben wird. Treffen die gebrauchten Begriffe das Gemeinte oder gehen sie an der Sache vorbei? Der Versuch einer begrifflichen Erörterung von Wahrnehmungen ist für die Wahrnehmung selbst *relevant* und – wie unsere Alltagspraxis zeigt – im Spiel

---

[4] Diese Grundstimmung wird etwa deutlich bei Jürgen Habermas, Auch eine Geschichte der Philosophie, Berlin 2019. Zur Diskussion vgl. Franz Gruber/ Markus Knapp (Hg.), Wissen und Glauben. Theologische Reaktionen auf das Werk von Jürgen Habermas „Auch eine Geschichte der Philosophie", Freiburg – Basel – Wien 2021.

[5] Immanuel Kant, Kritik der reinen Vernunft, B 75, in: Ders., Werkausgabe, Bd. III, hrsg. v. Wilhelm Weischedel, Frankfurt a. M. 1974.

[6] Ludwig Wittgenstein, Tractatus logico-philosophicus, 5.6, in: Ders., Werkausgabe, Bd. 1, Frankfurt a. M. 2006.

[7] Vgl. zur Adressierung dieser von Donald Davidson herkommenden Kritik, Martin Dürnberger, Die Dynamik religiöser Überzeugungen. Postanalytische Epistemologie und Hermeneutik im Gespräch mit Robert B. Brandom, Paderborn u. a. 2017, 114–125.

des ‚Gebens und Nehmens von Gründen‘ (Wilfrid Sellars) sinnvoll *möglich.* Die Arbeit am Begriff steht folglich den objektiven Daten nicht als separater, ‚schwammiger‘ Teil eines Verstehens der Wirklichkeit gegenüber, sondern sie stellt selbst ein Moment am Wahrgenommenen dar. Man muss die Wirklichkeit des Mount Everest *an sich* nicht leugnen, um dafür zu argumentieren, dass der konkrete Berg nicht ohne eine Unterscheidung von anderen Bergen *als er selbst* identifizierbar und folglich ohne diese Unterschiedenheit auch nicht *er selbst* wäre. Natürlich basiert diese Unterscheidung wiederum auf Wahrnehmung und Messung, aber das Unterscheiden ist eine *begriffliche* Operation.

Im Grunde ist sie nicht nur eine, sondern *die* begriffliche Operation schlechthin, insofern die Bestimmung, was etwas ist, nicht ohne Unterscheidung von dem, was es nicht ist, zu denken ist.[8] Sind Begriffe so ein unaufhebbarer Bestandteil des Verstehens von Wirklichkeit, dann ist zunächst anzunehmen, dass auch das Nachdenken über Begriffe selbst Erkenntnisfortschritt bewirken kann. Auch in der Frage nach dem Verstehen des Glaubens geht es so letztlich um die Unterscheidung eines der Vernunft nachvollziehbaren Begriffs von einem der Vernunft nicht nachvollziehbaren Ausdruck. Selbst wenn man aber bereit ist, diesen Schritt zu akzeptieren, wird die Annahme stutzig machen, dass bereits ein nachvollziehbarer Begriff Gottes den Glauben nicht nur als eine, sondern als *einzige* rationale Möglichkeit aufweisen könnte. Genau das ist aber die Grundaussage sogenannter ontologischer Argumente: *Wer den Begriff Gottes richtig verstanden hat, kann seine Existenz nicht leugnen.*

2. Die klassische Struktur des ontologischen Arguments

Die Frage, ob Gott existiert, wird in ontologischen Argumenten also mit der Frage verknüpft, was überhaupt als existierend gedacht werden soll.[9] Insofern steht in der tradierten Urform ontologischer Ar-

[8] Diese Idee ist offensichtlich inspiriert von G.W.F. Hegel, Phänomenologie des Geistes, in: Ders., Werke, Bd. 3, Frankfurt a. M. 1976, 40.

[9] Grundlagentexte zu den verschiedensten Fassungen ontologischer Argumente sind in so umfassender Zahl gegeben, dass hier nur zwei m. E. zur Übersicht und vertiefenden Einführung besonders relevante Referenzen benannt werden sollen:

gumente bei *Anselm von Canterbury* zu Beginn des Nachdenkens über die Wirklichkeit Gottes eine Bestimmung des Gottesbegriffs: Gott wird geglaubt als etwas, *über das hinaus Größeres nicht gedacht werden kann.*[10] Die Verschränkung von Glauben und Denken verdeutlicht nicht nur, dass eine wirkliche Trennung beider Bereiche nicht vorgesehen ist, sondern auch, dass Anselm konsequenterweise selbstverständlich ist, dass jemand, der die Voraussetzung des Glaubens nicht teilt, dessen Inhalt dennoch *nachvollziehen* kann.

Der Beweis der Existenz Gottes ist streng genommen ‚nur' eine Entfaltung dieses Begriffs, der zwar im Glauben gewonnen, im Denken aber einsichtig wird.[11] Einer Atheistin – Anselm spricht vom Toren – ist es möglich, sich etwas vorzustellen, worüber hinaus Größeres nicht gedacht werden kann. Sie kann den Begriff ‚hören und verstehen', unabhängig davon, ob sie glaubt, dass das Bezeichnete existiert oder nicht. Kann sie aber denken, dass dasjenige, worüber hinaus Größeres nicht gedacht werden kann, nur eine Vorstellung ist? Denn wäre es nur eine Vorstellung, dann müsste man doch annehmen, dass etwas Größeres gedacht werden kann, nämlich etwas, das nicht bloße Vorstellung ist. Schon bei einer Pizza Caprese gilt ja, dass sie den Hunger nicht stillt, wenn sie nur erdacht ist. Eine wirklich existierende Pizza Caprese ist in diesem Sinne besser als eine bloß vorgestellte. Umso mehr ist diese Regel aber auf dasjenige Wesen anzuwenden, über das objektiv nichts Größeres gedacht werden kann. Denn während sich über eine Pizza Caprese hinaus Größeres denken lässt (etwa Kalorienfreiheit), vermeidet Anselms Definition des Gottesbegriffs ja genau diese Möglichkeit; über Gott *darf* aus be-

---

Vgl. Joachim Bromand/Guido Kreis (Hg.), Gottesbeweise. Von Anselm bis Gödel, Frankfurt a. M. ^{5}2016 und Winfried Löffler, Einführung in die Religionsphilosophie, 2. überarb. Aufl., Darmstadt 2013, 52–59. Zur ersten Einführung vgl. Martin Breul, Art. Ontologischer Gottesbeweis, in: Cornelia Dockter/Martin Dürnberger/Aaron Langenfeld (Hg.), Theologische Grundbegriffe. Ein Handbuch (Grundwissen Theologie), Paderborn u. a. 2021, 127f.

[10] Vgl. Anselm von Canterbury, Proslogion. Untersuchungen, Lateinisch-deutsche Ausgabe, von F. S. Schmitt, Stuttgart – Bad Cannstatt 1962, Kap. 2.

[11] Damit ist auf Anselms Grundbestimmung eines nach Einsicht suchenden Glaubens *(fides quaerens intellectum)* verwiesen. Vgl. zur Einführung in das Projekt eines vernünftigen Glaubens bei Anselm insgesamt Stephan Ernst, Anselm von Canterbury, in: Martin Breul/Aaron Langenfeld, Kleine Philosophiegeschichte. Eine Einführung für das Theologiestudium (Grundwissen Theologie), Paderborn u. a. 2017, 67–77.

grifflichen Gründen hinaus nichts Größeres gedacht werden, weil Gott präzise dadurch bestimmt ist, dasjenige zu sein, worüber hinaus Größeres nicht zu denken ist.

Dann ist aber ausgeschlossen, ihn als nicht existierend zu denken – eben weil sich dann wieder etwas Größeres denken ließe, das eigentlich Gott genannt werden müsste. In Anselms eigenen Worten im zweiten Kapitel des *Proslogion*: „Wenn also das, über das hinaus Größeres nicht gedacht werden kann, im Verstande allein ist, so ist eben das, über das hinaus Größeres nicht gedacht werden kann, dasjenige über das hinaus Größeres gedacht werden kann. Das aber kann mit Sicherheit nicht der Fall sein."

Dasjenige, worüber hinaus Größeres nicht gedacht werden kann, nur als Vorstellung zu denken, wird so als Selbstwiderspruch identifiziert. Übersetzt bedeutet dies aber, dass es ein Selbstwiderspruch ist, Gott als bloße Vorstellung oder Projektion zu begreifen. Man verfehlt den Begriff Gottes, wenn dieser nicht die Annahme seiner Existenz beinhaltet. Wer also den Ausdruck ‚Gott' richtig versteht, muss annehmen, dass er Existenz als Eigenschaft notwendig umfasst, woraus folgt, dass Gott existieren muss.

Diese Einsicht in die begriffliche *Notwendigkeit* ist insbesondere hervorgehoben worden von René Descartes: Dass Gott als existierend gedacht werden muss, kalorienfreie Caprese-Pizzen (oder geflügelte Pferde) aber nicht, liegt nicht an einer besonderen Denkbegabung oder einer besonders ausgeprägten Fantasie, sondern am Zwang des Begriffs und – weil eben darin die Existenz Gottes ausgewiesen ist – demnach an Gott selbst. „Denn es steht mir nicht frei, Gott ohne Existenz (also das höchstvollkommenste Seiende ohne die höchste Vollkommenheit) zu denken, wie es mir freisteht, mir ein Pferd entweder mit oder ohne Flügel vorzustellen."[12]

3. *Die klassische Kritik ontologischer Argumente*

Genau diese von Descartes stark gemachte Intuition greifen die klassischen Kritiken ontologischer Argumente an und betonen ihrerseits die Unterschiedenheit von Denken und Sein. Schon bei Anselms Zeit-

[12] René Descartes, Mediationes de prima philosophia, Lateinisch – Deutsch, Hamburg 2008, 137.

genosse Gaunilo von Marmoutiers geht es um den unterstellten Fehlschluss von einer als vollkommen gedachten Insel auf deren tatsächliche Existenz. Allerdings tappt Gaunilo damit genau in die Falle, die oben mit Descartes noch einmal scharf gestellt wurde: Die Vorstellung einer Insel, sei sie auch noch so vollkommen, enthält die Bestimmung der Existenz doch niemals notwendig, sondern immer nur durch den Wunsch bzw. Willen der Denkenden. Der Begriff Gottes unterscheidet sich generisch von Vorstellungen, die von Inseln und Pizzen handeln, weil es sich bei jenen um endliche Größen handelt, über die *wegen ihrer Endlichkeit* immer Größeres hinaus gedacht werden kann, bei diesem aber nicht. Denn ‚Gott' bezeichnet als dasjenige, worüber hinaus Größeres nicht gedacht werden kann, präzise die Negation des Endlichen, Bedingten als das Un-endliche, Un-bedingte, er bezeichnet das Notwendige gegenüber dem Kontingenten.

Immanuel Kant, dessen Kritik ontologischer Argumente ohne Zweifel zu den einflussreichsten und treffsichersten zählt, sieht diesen Punkt auch völlig klar:[13] Notwendige Existenz gehört zum Umfang des Gottesbegriffs. Aber, so Kants kritische Einsicht, folgt aus der Tatsache, dass ich den Begriff so bilden muss, tatsächlich, dass es sich auch in Wirklichkeit so verhalten muss? Folgt also aus der Tatsache, dass ich nicht anders denken kann, dass dem Gedachten auch eine Wirklichkeit entspricht? Kant selbst greift zur Beantwortung der Frage das Beispiel eines Dreiecks auf: Zwar ist zuzugeben, dass Dreiecke notwendig drei Winkel haben, aus dieser Tatsache folgt nun aber keineswegs, dass es dreiwinklige Dreiecke geben muss, sondern nur, dass *existierende* Dreiecke immer drei Winkel haben müssen. Anselm und Descartes, so Kant, hätten notwendige Existenz gleich der Bestimmung ‚dreiwinklig' auf den Gottesbegriff bezogen und damit den Schein erzeugt, dass das Denken die Wirklichkeit des Gedachten verbürgen könnte. Dabei folgt aus dem so gebildeten Gottesbegriff doch nur, dass Gott notwendig existiert, *wenn* er existiert. Weil notwendige Existenz zu seinem Begriff gehört, ist es ebenso ausgeschlossen, dass Gott kontingenterweise existiert, wie es von einem real existierenden Dreieck ausgeschlossen ist, dass es keine drei Winkel hat. Der Begriff, so Kant, verändert sich nicht durch

---

[13] Vgl. zum Folgenden Immanuel Kant, Kritik der reinen Vernunft, in: Ders., Werke in sechs Bänden, Bd. II, hrsg. v. Wilhelm Weischedel, Darmstadt 1983, B620–631.

die Tatsache, dass das mit ihm Bezeichnete existiert. Und gerade deshalb kann Existenz keine Eigenschaft des Begriffs sein.

Um wirklich über die Existenz Gottes urteilen zu können, bräuchte es nach Kant *Anschauung*, sinnliche Wahrnehmung, die eine Entsprechung von Denken und Gedachtem erkenntnistheoretisch überprüfbar machen würde. Genau das scheint aber bei Gott, dessen Wesen dem Begriff nach nicht vermittels menschlicher Sinneseindrücke erkannt werden kann, unmöglich. Deshalb, so schließt Kant, führen keine Wege des reinen Denkens zu Gott.

4. Denken und Geschehen[14]

Kants Einwand ist bestechend bis heute. Durch reine Spekulation wird man zu keiner Erkenntnis über die Wirklichkeit kommen, selbst dann nicht, wenn sich Ideen als notwendig für unser Denken darstellen. Das ist für ihn der ‚Abgrund der Vernunft', die dem Denken zugängliche Idee der Unzuverlässigkeit des Denkens. Ohne die sinnliche Außenwelt, das ‚Ding an sich', bleiben für Kant unsere Begriffe leer, können wir keinen Erkenntniszuwachs verbuchen. Damit stellt Kant einen Riss zwischen Denken und Sein, zwischen Subjekt und Objekt fest, der selbst zum Gegenstand der Kritik wurde und so eine bedeutsame Transformation des ontologischen Arguments eingeleitet hat.[15]

Für Georg Wilhelm Friedrich Hegel ist die von Kant diagnostizierte Spaltung von Subjekt und Objekt Ausweis eines Mangels einer Philosophie, die vom Subjekt ausgeht und so nie die komplexe Einheit von Subjekt und Objekt erfassen kann.[16] Was Kant als unterschieden denkt, ist nach Hegel sowohl als Differenz als auch als Einheit zu begreifen: Das Denken ist mit dem Sein *nicht identisch*, aber eben auch *nicht so von ihm verschieden*, dass es eine eigene Sphäre bilden würde, die möglicherweise sogar berührungslos neben dem

---

[14] Dieses Kapitel verdankt wesentliche Impulse Jürgen Werbick, Gott verbindlich. Eine theologische Gotteslehre, Freiburg – Basel – Wien 2007, 105–119.

[15] Zur Einführung in Kants Erkenntnistheorie vgl. Bernhard Nitsche/Florian Baab, Immanuel Kant, in: Breul/Langenfeld (Hg.), Kleine Philosophiegeschichte, 141–151, besonders 143–147.

[16] Einfluss auf die hier zur Geltung kommende Hegel-Lesart hat der hermeneutische Zugang Kurt Appels genommen. Vgl. Ders., Zeit und Gott. Mythos und Logos der Zeit im Anschluss an Hegel und Schelling, Paderborn u. a. 2008.

Sein stünde. Vielmehr wird sich das Sein im Denken selbst durchsichtig; der Geist erfasst im Denken das Sein so, dass das Denken selbst als Moment am Sein aufscheint und, weil das Sein das Denken umschließt, das Sein folgerichtig ein Moment am Denken ist. Während Kant also den Zugriff des Subjekts auf ein Objekt durch bloßes Denken versperrt sieht, geht Hegel davon aus, dass es ein ‚objektfreies' Subjekt gar nicht geben kann, dass das Sein eine ursprüngliche Einheit mit dem Denken bildet und deshalb ein Zugriff des Denkens auf das Sein nicht nur möglich, sondern Grundstruktur eines Begreifens von Wirklichkeit im Zusammenhang ist.

Folglich zielt Hegels Rekonstruktion des ontologischen Arguments auch nicht mehr auf den Beweis der Wirklichkeit einer Wesenheit außerhalb des Denkens durch das Denken, sondern auf die *Durchsichtigkeit* der Vernünftigkeit des Seienden in der höchsten Idee der Vernunft. Hegel interpretiert das ontologische Argument als Einsicht in den Zusammenhang von Denken und Sein überhaupt und so als Argument für die *Vernünftigkeit der Vernunft*. Denn weil das als vernünftig Erkannte schon immer Erkennen an der Wirklichkeit ist, kann die Vernunft der Vernunft – anders als bei Kant – nicht mehr an der Wirklichkeit zerschellen.[17] Die Selbstdurchdringung des Seins im Denken ist allerdings ein Werden, Geschehen, d. h. die Einsicht in die Vernünftigkeit der Wirklichkeit liegt nicht jenseits der Geschichte, sondern der Prozess des Einsichtigwerdens ist selbst Moment an der Einsicht.[18] Die Übereinstimmung des Denkens mit dem Sein ist in diesem Sinne Geschehen, die Erkenntnis der Wirklichkeit Gottes aus reiner Vernunft zugleich reines Widerfahrnis des Seins.

Man mag der Ansicht sein, dass Hegel damit im Grunde die klassische Idee der Gottesbeweise verabschiedet bzw. immanentistisch aufgelöst hat.[19] Möglich und plausibel ist aber auch eine Interpretation, die in Hegels Rekonstruktion des anselmschen Arguments einen dynamischen Aspekt offenlegt, der auch in Kants Kritik noch unterbestimmt ist: Versteht man die ursprüngliche Form des ontologischen Arguments nämlich – wie oben dargelegt – als Entfaltung

[17] Vgl. zu dieser Rekonstruktion Gunnar Hinrichs, Zur kritischen Theorie, Frankfurt a. M. 2020.

[18] Vgl. Hegel, Phänomenologie des Geistes, 25.

[19] Zu dieser Einschätzung kommen tendenziell Bromand/Kreis, Gottesbeweise, 235f.

des vorausgesetzten Begriffs Gottes als desjenigen, worüber hinaus Größeres nicht gedacht werden kann, dann lässt sich schon bei Anselm selbst eine komparative Logik anzeigen, die eher auf die Prüfung konkreter *Inhalte* des Gottesbegriffs, denn auf eine materiale Festlegung desselben verpflichtet.[20] Schon in der Urfassung des Arguments ist also offen, was genau eigentlich gemeint ist mit dem, worüber hinaus Größeres nicht gedacht werden kann. Diese Offenheit muss man aber nicht als Anselms Versäumnis deuten, sondern kann sie als *methodische Unbestimmtheit* verstehen, die ermöglicht, jeweils mögliche Begriffe und Attribute Gottes auf ihre Adäquanz hin zu überprüfen. Wäre es also bspw. nicht hochgradig unplausibel, Gott als kleinmütig-rachsüchtigen Despoten darzustellen, wenn doch von ihm als demjenigen zu denken ist, worüber hinaus Größeres nicht gedacht werden kann?[21]

Anselm selbst erfasst damit den Begriff Gottes als *Instrument der Unterscheidung* von der Wirklichkeit Gottes entsprechenden Begriffen. Wie aber kommt die Vernunft auf den *Inhalt* dieser Entsprechungen? Hegel trägt das Moment des Werdens in diese Unterscheidung ein und damit sowohl den Prozess des Zu-sich-Kommens eines adäquaten Gottdenkens als auch die ursprüngliche Bindung des Denkens im Werden an das, was der Fall ist. Die Erkenntnis Gottes im Denken, das ursprünglich nicht außerhalb des Seins steht, erhält so Geschehenscharakter.

Diese Einsicht wird bei Friedrich Wilhelm Josef Schelling aufgenommen und kritisch weiterentwickelt. Schelling verhandelt das ontologische Argument im Kontext der Philosophie der Offenbarung und nimmt damit ein entscheidendes Moment in die Verhältnisbestimmung von Denken und Sein auf. Der Ausdruck ‚Offenbarung' beschreibt für Schelling das Sich-Zeigen eines Grundverhältnisses Gottes zum Menschen, das „ein nicht bloß ideales, durch Vernunft oder freie Erkenntnis vermitteltes [ist], sondern ein reales Verhältnis zu Gott; denn es gibt ein älteres, ins Sein selbst zurückgehendes Ver-

---

[20] Vgl. zu dieser Logik etwa Klaus von Stosch, Größer als am größten? Untersuchungen zum Gottesbegriff Anselms von Canterbury, in: ThZ 62 (2006) 420–432.

[21] Vgl. zum Verständnis dieser Logik der Gottesrede in soteriologischer Perspektive Aaron Langenfeld, Das Schweigen brechen. Christliche Soteriologie im Kontext islamischer Theologie (Beiträge zur Komparativen Theologie; 22), Paderborn u. a. 2016, 127–140.

hältnis des Menschen zu Gott, als das Erkennen."[22] Weil Hegels philosophischer Ansatz versucht, die Übereinstimmung von Denken und Sein und so die Vernünftigkeit des Seins zu rechtfertigen, vermutet Schelling darin eine Unterwerfung der Wirklichkeit unter die von Kant kritisch analysierten Notwendigkeiten des Denkens, die die *Freiheit* der Schöpfung und damit die Unableitbarkeit des von Hegel richtig erkannten Geschehens von Wirklichkeitserkenntnis nicht adäquat darstellen kann.[23] Insofern findet sich bei Schelling eine entscheidende Fortbestimmung der Hegelschen Transformation des ontologischen Arguments. Der Beweis der Wirklichkeit Gottes im Denken ereignet sich hier nun als streng unableitbares Geschehen, „quo maius nil fieri potest"[24], worüber hinaus Größeres nicht *geschehen* kann. Die Vernünftigkeit des Seins wird dem Denken also nicht gewissermaßen automatisch transparent, sondern sie muss sich erweisen – womit zugleich die Annahme gesetzt ist, dass dieses Geschehen theoretisch ausbleiben könnte. Weil sich aber in der Gestalt Jesu Christi schon ereignet hat, worüber hinaus Größeres nicht geschehen kann, ist das Ausbleiben des Sich-Zeigens des Grundverhältnisses von Gott und Welt eben *nur noch* theoretisch möglich.

Schellings Beharren auf die dem Denken unableitbare Qualität des Geschehens der Wirklichkeit wird man mit Recht als Grundfigur existentialer Philosophie bezeichnen können.[25] Denn die Frage nach der Erkennbarkeit Gottes und des Seins im Allgemeinen wird im Horizont der *Bedeutung* für den Menschen verortet und schafft so Raum für den existentialistisch zentralen Begriff der *Erfahrung*, der zugleich nicht auf einen Empirismus im kantischen Sinne beschränkt ist. In Camus' Zurückweisung der Erkennbarkeit der Vernunft des Daseins wird genau diese von Schelling eingeleitete Spannung deutlich: „Ich weiß nicht, ob diese Welt einen Sinn hat, der über sie hinausgeht. Aber ich weiß, dass ich diesen Sinn nicht kenne

---

[22] F. W. J. SCHELLING, Philosophie der Offenbarung, hrsg. u. eingel. von Manfred Frank, Frankfurt a. M. [5]2016, 257.

[23] Vgl. zur Kritik ebd., 132–134.

[24] F.W.J. SCHELLING, Urfassung der Philosophie der Offenbarung, Bd. 2, hrsg. v. Walter Erhardt, Hamburg 1992, 423.

[25] Vgl. MANFRED FRANK, Einleitung, in: SCHELLING, Philosophie der Offenbarung, 9–84, hier: 30. Frank verweist darauf, dass Schelling nach einem Bericht Karl Rosenkranz' seine Philosophie selbst mit dem Begriff ‚Existentialphilosophie' bezeichnet hat.

und daß es mir vorerst auch nicht möglich ist, ihn zu kennen. Was bedeutet mir ein Sinn, der außerhalb meiner conditio liegt?“[26]

In der (katholischen) Theologie der Gegenwart zeigt sich regelmäßig eine Hermeneutik des ontologischen Gottesbeweises, die mehr oder weniger explizit an die skizzierte Linie neuzeitlicher Transformationen anschließt und folglich das Argument selbst nicht mehr als Aufweis der Existenz Gottes aus reiner Vernunft begreift, sondern als Nachvollzug der im Glauben bereits gedeuteten Wirklichkeit. Oft wird damit die Annahme verbunden, dem Argument ginge es damit ‚bloß‘ um eine glaubensinterne Klärung bzw. Selbstvergewisserung. Allerdings unterschätzt diese Perspektive den bei Hegel und Schelling ausdrücklichen Anspruch einer Einheit von Sein und Denken im *Geschehen* und der *Erfahrung* dessen, was der Fall ist. Jede interne Selbstvergewisserung ist so aber immer auch Begreifen des ‚externen‘ Allgemeinen, jede Deutung Moment am Gedeuteten, wechselseitig nicht ineinander aufgehend, aber auch nicht ohneeinander gegeben.[27] Auch der Glaube wird so nicht außerhalb der Gesamtwirklichkeit stehen können; auch er ist vielmehr als *Begreifen von Wirklichkeit in der Wirklichkeit* zu verorten. In diesem Sinne ist es möglicherweise doch nicht zufällig, dass Anselm sein Argument im Rahmen eines Gebets formulierte. Denn im Gebet ist gerade kein *reines* Nachdenken über Gott angestrebt, sondern zugleich erfahrungsverarbeitende, performative Inanspruchnahme Gottes gegeben. Jede theologische Verteidigung des ontologischen Arguments erhebt also streng genommen keinen bereichsspezifischen glaubensinternen, sondern einen allgemeinen Geltungsanspruch. Lässt sich ein solcher Geltungsanspruch aber über die bloße Behauptung hinaus konkret plausibilisieren?

Karl Rahner ist als Schüler Heideggers sichtbar von Impulsen Hegels und Schellings beeinflusst. So ist sein theologisches Hauptwerk

---

[26] Albert Camus, Der Mythos des Sisyphos, Reinbek [12]2010, 69.

[27] Vgl. zu dieser Dialektik auch Johannes Grössl/Matthias Remenyi, Glückliches Scheitern. Über Grenze und Größe der Gottesbeweise, in: IKaZ – communio 50 (1/2021) 22–36. Grössl und Remenyi geht es dabei eher um den wahrheitstheoretischen Status der Gottesbeweise bzw. um die Adäquanz eines zumindest schwachen metaphysischen Realismus, als um die hermeneutische Verschränkung von Begriff und Anschauung. Gleichwohl ist es interessant, dass sich hier eine Annäherung von eher hermeneutischen und eher analytisch geprägten Aneignungsversuchen annehmen lassen könnte.

geprägt von der fundamentalen Annahme, dass wirkliche Gotteserkenntnis nur aus Offenbarung, aus dem Sich-Zeigen Gottes möglich ist.[28] Zugleich verortet er diese Offenbarung allerdings in der dialektischen Spannung von Ereignis und subjektiver Teilhabe am Ereignis. Gottes Offenbarung zeigt sich also nicht nur in der *Wirklichkeit* des gesprochenen Wortes (Christus), sondern auch in der *Möglichkeit* diesem Wort im eigenen Handeln zu entsprechen (Geist).[29] Dabei gilt, dass Wirklichkeit und Möglichkeit streng gleichursprünglich zu denken sind, insofern Möglichkeit *logische* Bedingung der Wirklichkeit ist, Wirklichkeit aber *faktische* Bedingung von Möglichkeit. Gottes Offenbarung ist in diesem Sinne rekonstruierbar als ursprüngliches Beziehungsereignis, in dem der Mensch einerseits Angesprochener und (möglicher) Sprechender zugleich ist. Dieser Form entspricht dabei der Inhalt der Offenbarung in Christus, der die Liebe in Wort und Tat als Zentrum des Weltverhältnisses Gottes identifiziert. Auf Basis dieser Struktur lässt sich nach Rahner der Begriff der Offenbarung als Selbstmitteilung Gottes bestimmen:[30] In der geschichtlich konkreten Wirklichkeit Christi und in der subjektiv möglichen Nachfolge Christi *ereignet* sich Gottes Wesen als Liebe, *geschieht* dasjenige, worüber hinaus Größeres nicht *gedacht* werden kann.[31] Nur

---

[28] Vgl. dazu etwa Rahners Bemerkungen zur Erkenntnis Gottes und der Fokussierung auf die (transzendentale) Erfahrung in: Ders., Grundkurs des Glaubens. Einführung in den Begriff des Christentums, in: Ders., Sämtliche Werke, Bd. 26, Freiburg – Basel – Wien 1999, 1–442, hier: 55–72. In der äußerst kurzen Auseinandersetzung mit den Gottesbeweisen wird deutlich, dass Rahner dieselben lediglich als reflexen Ausdruck eines alltäglichen Erfahrungs- und Deutungszusammenhangs des immer vorrangig sich zeigenden Seins überhaupt ist.

[29] Vgl. zu diesem Begriffspaar meine Überlegungen im Anschluss an Karl Rahner in Aaron Langenfeld, Frei im Geist. Studien zum Begriff direkter Proportionalität in pneumatologischer Absicht (Innsbrucker Theologische Studien; 98), Innsbruck 2021, 329–333.

[30] Zur erkenntnislogischen Zentralstellung des Begriffs der Selbstmitteilung vgl. Rahner, Grundkurs des Glaubens, 116–136. Entscheidend ist hier m. E., dass die zentrale Rolle der transzendentalen Erfahrung nicht als exklusiver Anknüpfungspunkt der Gotteserkenntnis durch Offenbarung begriffen wird, sondern dass sie als Bedingung der Möglichkeit von Erfahrung überhaupt phänomenologisch als Apperzeption konkreter Erfahrung verstanden wird. In diesem Sinne weist Rahner darauf hin, dass auch die transzendentale Erfahrung und mit ihr jede Erkenntnis Gottes aposteriorisch ist. (Vgl. dazu ebd., 55)

[31] Vgl. zum Begriff der Liebe bei Hegel auch in erkenntnistheoretischer Absicht G.W.F. Hegel, Vorlesungen über die Philosophie der Religion, Bd. II, in: Ders.,

dadurch aber, *dass* es geschieht und so Bedeutung *für den Menschen* haben kann – hier bricht sich die existenzphilosophische Perspektive Bahn –, ist das Geschehene als dasjenige bestimmbar, über das Größeres hinaus nicht gedacht werden kann. Im Geschehen der Liebe nicht an Freiheit zu verlieren, sondern die Liebe als fundamentalen Zuspruch und darin zugleich als eigentliche Möglichkeit der Freiheit zu erfahren, aus der Beziehung heraus man selbst sein zu dürfen, das ist nach Rahner im christlichen Verständnis die *Relevanz* des höchsten Gedankens und Geschehens.[32]

Erst vom Inhalt der Offenbarung her ist ersichtlich, was der Begriff dessen, worüber hinaus Größeres nicht gedacht werden kann, bezeichnet.[33] Genau in diesem Sinne versteht Rahner die klassischen Gottesbeweise als subjektives Begreifen des Alltags, in dem der Mensch (bewusst oder nicht) der Wirklichkeit der Liebe als der Liebe Gottes begegnet.[34] Damit sind diese Gottesbeweise aber eben nicht ‚bloßes Denken', sondern – im Sinne der dialektischen Struktur von Offenbarung – subjektive Teilhabe am kategorialen Sein. Das *Begreifen* der Liebe als demjenigen, worüber hinaus Größeres nicht *gedacht* werden kann, steht der *Erfahrung* der Liebe als demjenigen, worüber hinaus Größeres nicht *geschehen* kann, nicht so gegenüber, als handelte es sich um zwei getrennte Bereiche der Wirklichkeit. Vielmehr ist das Begreifen von Liebe *als* Liebe selbst ein Moment an der Erfahrung und umgekehrt die Erfahrung Moment am Begreifen überhaupt.

Werke, Bd. 17, Frankfurt a. M. [10]2018, 222: „Liebe ist ein Unterscheiden zweier, die doch füreinander schlechthin nicht unterschieden sind. Das Bewußtsein, Gefühl dieser Identität, dieses, außer mir und in dem Andern zu sein, ist die Liebe: ich habe mein Selbstbewußtsein nicht in mir, sondern im Andern, aber dies Andere, indem nur ich befriedigt bin, meinen Frieden mit mir habe, – und ich bin nur, indem ich Frieden mit mir habe; habe ich den nicht, so bin ich der Widerspruch der auseinanderfällt, – dies Andere, indem es ebenso außer sich ist, hat sein Selbstbewußtsein nur in mir, und beide sind nur dies Bewußtsein ihres Außersichseins und ihrer Identität, dies Anschauen, dies Wissen der Einheit. Das ist Liebe, und es ist ein leeres Reden, das Reden von Liebe, ohne zu wissen, daß sie das Unterscheiden und das Aufheben des Unterschiedes ist."

[32] Vgl. zu dieser These, die zuletzt in der Axiomatik direkter Proportionalität von göttlichem Wirken und menschlicher Wirklichkeit begründet ist, ausführlich LANGENFELD, Frei im Geist, 87–146.

[33] Vgl. dazu auch SCHELLING, Philosophie der Offenbarung, 254f.

[34] Vgl. RAHNER, Grundkurs des Glaubens, 71.

5. *Unbestreitbare Wirklichkeit Gottes? Ein existenzphilosophischer Plausibilisierungsversuch des ontologischen Arguments*

Wer den Begriff Gottes richtig versteht, der kann Gottes Existenz nicht mehr leugnen – das war als Grundannahme ontologischer Argumente bestimmt worden. Den Begriff Gottes richtig zu verstehen, heißt den vorhergehenden Überlegungen nach, ihn als Begreifen von konkreter Wirklichkeit, als Begreifen der Erfahrung der Liebe und darin als Moment an der Erfahrung der Liebe als daseinsbegründende Wirklichkeit zu deuten. Darauf aufbauend lässt sich folgendes Argument formen, das im Anschluss zu erläutern ist:[35]

(1) Die Erfahrung der Liebe als Selbstsein in Beziehung kann als dasjenige, worüber hinaus Größeres nicht *geschehen* kann, bestimmt werden.
(2) Der Begriff desjenigen, worüber hinaus Größeres nicht *gedacht* werden kann, kann inhaltlich mit dem idealen Begriff der Liebe im Sinne eines Selbstseins in Beziehung identifiziert werden.
(3) Es ist im Sinne eines performativen Selbstwiderspruchs praktisch unmöglich, (1) zu bejahen und (2) auszuschließen.
(4) Dasjenige, worüber hinaus Größeres nicht gedacht werden kann, ist als faktisch geschehend zu denken.
(5) Im christlichen Sprachgebrauch wird die Liebe als dasjenige, worüber hinaus Größeres nicht gedacht werden kann, mit Gott identifiziert.
(6) Es darf vernünftigerweise angenommen werden, dass Gott wirklich ist.

(1) Die Erfahrung der Liebe als Selbstsein in Beziehung kann als dasjenige, worüber hinaus Größeres nicht geschehen kann, bestimmt werden.

Den Ausgangspunkt des Arguments bildet im Anschluss an Schelling und Rahner nicht mehr ein formaler Begriff (Gottes), sondern das Geschehen, das in der subjektiven Erfahrung begriffen wird. Voraussetzung ist in diesem Sinne zunächst die anthropologische An-

[35] Das folgende Argument schließt m. E. gut an, nicht nur an die abduktive Schlussform, sondern auch an die inhaltliche Verschränkung von Abduktion und Gottesgedanke bei Charles S. Pearce. Vgl. dazu HERMANN DEUSER, Gott: Geist und Natur, Theologische Konsequenzen aus Charles S. Pearce‘ Religionsphilosophie, Berlin – New York 1993, 20–52.

nahme, dass für den Menschen die Erfahrung von Liebe ist, worüber hinaus Größeres nicht geschehen kann. Gemeint ist damit, dass Liebe eine *daseinsbegründende* Erfahrung sein kann, das, ‚was den Menschen unbedingt angeht'[36]. In ihr kann die Möglichkeit vermittelt werden, man selbst sein zu dürfen, ohne verzweifelt man selbst sein zu müssen.[37] Nicht darum kämpfen zu müssen, gesehen und gehört zu werden, sondern sich als *ursprünglich* so angesprochen und angenommen zu erfahren, dass Dasein keinen *Zwang*,[38] sondern ein *Dürfen* bedeutet, wird hier als das höchste Geschehen gedeutet.[39]

Ein Einwand gegen die Prämisse wird auf einer ersten Ebene versuchen, die Verbindung des Geschehens der Liebe mit der Bestimmung desselben als dasjenige, worüber hinaus Größeres nicht geschehen kann, so zu destabilisieren, dass auf andere Erfahrungen des Alltags verwiesen wird, die je individuell als daseinsbegründend erfahren werden, sodass die Aussage nicht allgemein gilt. Im Blick sind also ästhetische Erfahrungen im weiteren Sinne, in denen unmittelbar kein personales Gegenüber ist, die aber Personsein im zuvor beschriebenen Sinne ermöglichen. Diesem Einwand ist insofern zuzustimmen, dass die Erfahrungen der Liebe nicht auf interpersonale Konstellationen beschränkt werden können, für die Gültigkeit des Arguments aber

---

[36] Dieser Ausdruck ist entlehnt von PAUL TILLICH, Systematische Theologie, Bd. 1, Stuttgart 1956, 247–251.

[37] Vgl. dazu Kierkegaards Analysen der Angst und Verzweiflung in: DERS., Die Krankheit zum Tode, in: DERS., Die Krankheit zum Tode – Furcht und Zittern – Die Wiederholung – Der Begriff der Angst, München [3]2010, 31–177, hier: 109–177.

[38] Zu diesem Verständnis des Verdammtseins zur Freiheit vgl. etwa JEAN-PAUL SARTRE, Der Existentialismus ist ein Humanismus, Reinbek 2000, 155; vgl. zu dieser Frage im Kontext der Freiheitstheorie auch ausführlich AARON LANGENFELD, Muss die Theologie den Libertarismus verteidigen? Auf dem Weg zu einem existential-libertarischen Freiheitsverständnis, in: ALFONS FÜRST, Freedom as a Key Category in Origen and in Modern Philosophy and Theology (Adamantia; 14), Münster 2019, 207–225.

[39] Diese soteriologische Grunddimension christlichen Offenbarungsdenkens ist m. E. am schärfsten profiliert bei JÜRGEN WERBICK, Den Glauben verantworten. Eine Fundamentaltheologie, Freiburg i. Br. [4]2010, 631: „Die soteriologische Grund-Frage, mit der Abgründigkeit menschlicher Selbstbegründung in den Blick trat, wurde […] als die Frage nach einem Ja identifiziert, das der Verneinung durch eine meiner Existenz gegenüber vollkommen gleichgültige Welt-Wirklichkeit gewachsen wäre und mich davon befreit, den Schmerz der Gleichgültigkeit an andere weitergeben zu ‚müssen'."

auch nicht darauf beschränkt werden müssen. Es ist also zuzugeben, dass es Erfahrungen des ursprünglichen Anerkanntseins gibt, die nicht unmittelbar personal vermittelt sind. Zugleich wird man zurückfragen können, ob dann nicht erstens in genau diesem Sinne auch nicht-personale Erfahrungen des Anerkanntseins Erfahrungen von Liebe sein können und ob zweitens diese nicht-personalen Erfahrungen nicht an ursprünglich personale Erfahrungen – etwa frühkindlicher Bindung – anknüpfen. Unabhängig davon, ob Letzteres gilt, lässt sich die Prämisse so verteidigen, dass der Begriff der Liebe auf die Erfahrungen ursprünglichen Anerkanntseins und der Möglichkeit des Selbstseins vom anderen seiner selbst her zielt und nicht umgekehrt, ein schon feststehender Begriff der Liebe als interpersonales Geschehen nicht-personal vermittelte Erfahrungen von Liebe schon ausschließen würde. In dieser Wendung wird nicht zuletzt Schellings Vorbehalt gegenüber Hegel deutlich, das Sein nicht so im Denken aufgehen zu lassen, dass ihm die Freiheit und Widerständigkeit gegen das Denken abhandenkommt. Die Erfahrung ist eben nicht so im Begriff enthalten, dass ihm nur durchsichtig würde, was schon immer gegeben war. Auf diesen Punkt ist in der Auseinandersetzung mit Prämisse 2 zurückzukommen.

Ein zweiter, weitaus gewichtigerer Einwand zielt dann auf die Gegebenheit der Erfahrung von Liebe überhaupt. Diese Kritik ist deshalb so entscheidend, weil sie von der Erfahrung her zugleich die Begriffsebene (2) destabilisiert und damit den entscheidenden Schritt in der dargestellten Argumentation. Pate des Einwands ist in hervorstechender Weise Friedrich Nietzsche,[40] der Erfahrungen der Liebe in einer Hermeneutik des Verdachts als eigentliche Erfahrungen der Egozentrizität, als „vielleicht gerade de[n] unbefangenste[n] Ausdruck des Egoismus“[41], auszuweisen versucht. Zwar ist damit die Liebe als Ermöglichung des Selbstseins keineswegs angegriffen, wohl aber deren Alteritätsstruktur: Liebe ist in dieser Lesart Nietzsches nicht die Erfahrung des vom (personalen oder nicht-per-

---

[40] Vgl. zur Auseinandersetzung mit Nietzsche im Kontext des ontologischen Arguments vgl. Werbick, Gott verbindlich, 113–130; Robert Spaemann, Gottesbeweise nach Nietzsche, in: Ders., Das unsterbliche Gerücht. Die Frage nach Gott und die Täuschung der Moderne, Stuttgart 2007, 37–53.

[41] Friedrich Nietzsche, Die fröhliche Wissenschaft, I, 14, in: Ders., KSA, Bd. V,2, hrsg. Von Giorgio Colli und Mazzino Montinari, Berlin – New York 1973.

sonalen) anderen seiner selbst her ermöglichten Selbstseins, sondern die Grundhaltung des übermenschlichen Subjekts zu sich selbst; das bedingungslose Ja zur eigenen Existenz („amor fati“[42]), das unvertretbar *ich* sprechen muss, will es nicht in der Abhängigkeit von anderen dazu gezwungen sein, etwas zu sein, das es nicht ist.[43] Die Verweigerung, zu sein, was man durch sich selbst ist, ist hier als Nächstenliebe getarnte Verachtung des Lebens. Das Gegenargument läuft also darauf hinaus, dass die Erfahrung der Liebe einem Schein aufsitzt. Denn sie ist nicht *eigentlich* Geschehen des Selbstwerdens in Beziehung, sondern verzweckende Selbstbestätigung.

Eine Verteidigung gegen diesen nietzscheanisch inspirierten Einwand kann wie folgt ansetzen:

Zunächst ist zu fragen, wie weit eine methodische Hermeneutik des Verdachts im Blick auf die in der Schellingschen Linie stark gemachte Kategorie der Erfahrung reicht. Deren Stärke liegt zweifelsohne darin, dass sie als methodischer Zweifel im praktischen Sinne auch vor unseren tiefsten Überzeugungen nicht haltmacht und so noch die letzten Fundamente unserer alltäglichen Selbstverständlichkeiten immer wieder neu ins Wanken bringen kann. Allerdings ist doch bedenkenswert, wie sehr sich die Erfahrungsbeschreibungen der Liebe davon absetzen, *ausschließlich* oder zumindest *eigentlich* Verzweckung der anderen zur Selbstbejahung sind. Gerade die von Nietzsche selbst in den Fokus gerückte Ästhetik als Ort bedingungsloser Kreativität[44] scheint doch einen nahezu endlosen Strom eines Zeugnisses der Erfahrung von Liebe als zwischenmenschlicher Leidenschaft und Zuneigung zu bieten. Eine radikale Hermeneutik des Verdachts steht so selbst im Verdacht, die Dignität des spontanen Geschehens und der Erfahrung zu unterlaufen. So würde sie nicht eigentlich die Bejahung dessen fordern, was der Fall ist, sondern nur dessen, was der Verdachtsfall ist. Schellings Einwände gegen He-

[42] Ebd., IV, 276.

[43] Auch Nietzsches Wertschätzung der Freundschaft zielt in diesem Sinne nicht auf ein Selbstsein aus Beziehung, sondern auf einen „gemeinsamen höheren Durste nach einem über ihnen stehenden Ideale“ (Nietzsche, Die fröhliche Wissenschaft, I, 14). Gerade das Moment der Passivität der Beziehung wird so als konstitutives Moment im Grunde ausgespart.

[44] Vgl. zur Ästhetik als Rechtfertigungsgrund des Daseins Friedrich Nietzsche, Die Geburt der Tragödie, in: Ders., KSA, Bd. III,1, hrsg. Von Giorgio Colli und Mazzino Montinari, Berlin – New York 1972.

gel scheinen hier auch eine Spitze gegen Nietzsches Antihegelianismus zu bieten. Denn der Verweis auf die Unableitbarkeit des Geschehens lässt sich gegen jedes Apriori wenden, auch gegen das des Misstrauens gegenüber einer vernünftigen Übereinstimmung von Denken und Sein. Mit anderen Worten: Setzt man nicht beim Begriff der Liebe, sondern bei ihrer Phänomenologie an, dann scheint eine Hermeneutik des Verdachts zunächst keineswegs plausibler als eine Hermeneutik des Vertrauens, dass das, was erfahren wird, tatsächlich auch mit dessen Wirklichkeit zu tun hat.

Auch verweisen etwa die empirischen Forschungen des evolutionären Anthropologen Michael Tomasello darauf, dass Menschen natürlicherweise hyperkooperativ, auf Zusammenarbeit und Gemeinschaft ausgerichtet sind und in diesem Sinne kulturelle und moralische Identität gerade in Alteritätsstrukturen erwächst.[45] Folgt man dieser Linie, lassen sich starke Argumente dafür gewinnen, dass die Erfahrung einer Selbstwerdung in Beziehung nicht bloßer Schein ist, sondern eine naturgeschichtlich valide Rekonstruktion von personaler Identität überhaupt. Der Soziologe Hartmut Rosa interpretiert Beziehung als Resonanzgeschehen, durch die vermittelt sich erst eine Liebe zum eigenen Leben entwickeln kann.[46] Erst die Resonanzen auf unser eigenes Tun ermöglichen eine Selbstannahme, wie Nietzsche sie fordert.

Möglicherweise liegt ein entscheidender hermeneutischer Fehler nietzscheanisch inspirierter Bestreitungen des Begriffs der Liebe als ein Selbstsein in Beziehung auf dieser Linie gerade darin, als Gegenstück zur egoistischen nur die altruistische Liebe denken zu können, nicht aber etwa ein kommunitaristisches Modell, wie etwa die Philosophin Angelika Krebs vorgeschlagen hat.[47]

Nun zeichnet eine Hermeneutik des Verdachts ja gerade das Dogma aus, auch den eigenen Erfahrungen und den auf sie aufbauenden empirischen Wissenschaften zu misstrauen und das Erlebte anders zu *begreifen*. Damit sind wir bei der Erörterung der zweiten Prämisse angelangt.

---

[45] Zur philosophisch-theologischen Rezeption Tomasellos vgl. Martin Breul, Philosophical Theology and Evolutionary Anthropology. Prospects and Limitations of Michael Tomasello's Natural History of Becoming Human, in: NZSTH 61 (2019) 354–369.

[46] Vgl. Hartmut Rosa, Resonanz. Eine Soziologie der Weltbeziehung, Frankfurt a. M. ^{2}2019.

[47] Vgl. Angelika Krebs, Zwischen Ich und Du. Eine dialogische Philosophie der Liebe, Frankfurt a. M. 2015.

(2) Der Begriff desjenigen, worüber hinaus Größeres nicht gedacht *werden kann, kann inhaltlich mit dem idealen Begriff der Liebe im Sinne eines Selbstseins in Beziehung identifiziert werden.*

Die Prämisse behauptet die begriffliche Entsprechung zur Erfahrung, d. h. der Erfahrung desjenigen, worüber hinaus Größeres nicht geschehen kann, entspricht die Idee eines vollkommenen Selbstseins in Beziehung als demjenigen, worüber hinaus Größeres nicht gedacht werden kann. Entscheidend ist dabei das Adjektiv ‚vollkommen', insofern es die Idee desjenigen, worüber hinaus Größeres nicht gedacht werden kann, als negative Mit-Erfahrung der verallgemeinerten subjektiven Erfahrung einsichtig machen kann. Die Erfahrung der Liebe als desjenigen, worüber hinaus Größeres nicht geschehen kann, ist gerade in ihrer Unableitbarkeit kontingent, vorläufig, fragmentiert, anfällig für Asymmetrien usw., sodass in der Erfahrung zugleich ihre Negation gesetzt ist, insofern sich Größeres denken lässt, nämlich ein nicht mehr fragmentiertes, endgültiges Selbstsein in Beziehung. Der Begriff desjenigen, worüber hinaus Größeres nicht gedacht werden kann, bindet im Sinne klassischer negativer Theologie die Erfahrung so an den Vollzug des Denkens, dass sich das Denken selbst begrenzen muss, weil jede inhaltliche Bestimmung des Begriffs an subjektiv-bedingte Erfahrungen und Vorstellungen gebunden ist, sodass sie den höchsten Begriff immer verfehlt. Insofern stellt es keinen Widerspruch dar, sondern ist logische Konsequenz des Begriffs, dass Anselm Gott als dasjenige begreift, das *größer* ist als gedacht werden kann.[48] Der Begriff desjenigen, worüber hinaus Größeres nicht gedacht werden kann, ist gegenüber der Erfahrung reine Form, Idee, die erreicht, aber nicht mehr im Denken aufgelöst werden kann.

So werden Geschehen und Begriff der Liebe in ihrem inneren Zusammenhang und ihrer dialektischen Spannung bewusst: Erfahrung variiert den Begriff beständig, das Geschehen verändert mein Begreifen der Wirklichkeit und ermöglicht so die Idee wirklicher Transzendenz, eines nicht realisierten Potenzials des Denkens.[49] Zugleich macht der Begriff das Geschehen überhaupt erst als es selbst verstehbar, indem er beharrlich auf dessen Bedingtheit und Vorläufigkeit

---

[48] Vgl. Proslogion, Kap. 15.

[49] Vgl. zum Entwurf eines dialogischen Erfahrungskonzepts RICHARD SCHAEFFLER, Erfahrung als Dialog mit der Wirklichkeit. Eine Untersuchung zur Logik der Erfahrung, Freiburg – München 1995.

verweist und damit im Denken selbst ein Horizont des Unbedingten gesetzt ist, der auf nicht realisierte Potenziale der Wirklichkeit verweist. Der Begriff der Liebe erwächst aus ihrer Erfahrung, deren Konkretheit ihm bleibend entzogen ist und zugleich wird die Erfahrung der Liebe erst vom Begriff her in ihrer Fragmentierung und Ambivalenz einsichtig.

Erreicht ist damit ein inhaltsgesättigter Begriff des höchsten Gedankens, der auf die Möglichkeit eines idealen Selbstseins in Beziehung abzielt.[50] Die zuvor bereits angedeutete Kritik dieser Prämisse aus einer Hermeneutik des Verdachts stellt sich nun eher als eine Begriffsalternative dar. Die angezeigte dialektische Spannung könnte demnach so aufgehoben werden, dass die fragmentierte Wirklichkeit der Liebe als die eigentlich ideale Liebe bestimmt wird, sodass das Zurückbleiben hinter der höchsten Idee nicht als Defizienz zu begreifen ist, sondern als Ausweis der letztgültigen Unvollkommenheit des Daseins überhaupt. Weil die Wirklichkeit der Liebe nie in Übereinstimmung mit ihrem Begriff zu bringen ist, ist der Logik ihres Begriffs grundsätzlich zu misstrauen – und in der Folge auch die subjektive Erfahrung anders zu bestimmen. Auch die empirischen Hinweise auf die identitätsstiftende Rolle von Beziehungen kranken dann zuletzt an einer bereits vorausgesetzten Wahrheit des Idealbegriffs von Selbstsein in Beziehung. Die Kritik lässt so worüber hinaus Größeres gedacht werden kann und worüber hinaus Größeres nicht gedacht werden kann zusammenfallen, dass der Begriff dessen, worüber hinaus Größeres nicht gedacht werden kann, widersprüchlich wird. Aufgelöst werden kann diese Spannung nur im radikalen Willen des Subjekts, die fragmentierte Wirklichkeit in ‚Treue zur Erde'[51] als letztgültig zu bestimmen, sodass sein eigener *Wille* an die Stelle eines rationalen Begriffs der Wirklichkeit tritt. Weil die Wirklichkeit nicht mit dem Begriff übereinstimmt, weil also auch die Erfahrung der Liebe nicht ist, was sie zu sein scheint, bleibt dem Subjekt scheinbar nur die Möglich-

---

[50] Parallelen finden sich zu dieser Idee etwa auch in der transzendentalen Logik bei Hermann Krings, insofern der Begriff Gottes in der Idee einer ungebrochenen Vermittlung von Freiheit und damit auf ein Sein in und aus Beziehung abzielt. Vgl. Ders., Freiheit. Ein Versuch Gott zu denken, in: Ders., System und Freiheit. Gesammelte Aufsätze (Praktische Philosophie; 12), Freiburg – München 1980, 161–184.

[51] Vgl. Friedrich Nietzsche, Also sprach Zarathustra, Vorrede, 3, in: Ders., KSA, Bd. III,1, hrsg. Von Giorgio Colli und Mazzino Montinari, Berlin 1968.

keit, sich einer der Wirklichkeit widersetzenden Hoffnung anheimzustellen, dass das Unvernünftige noch vernünftig werden möge,[52] oder aber es erklärt einzig seinen Willen und damit das unaufhebbar Fragmentierte für vernünftig, sodass die Vorstellung einer allgemeinen Vernünftigkeit des Daseins aufgehoben wird.[53] Wiederum verweist uns die Kritik bereits in die nächste Prämisse, insofern der Begriff des Willens bereits auf die praktische Vernunft zielt. Gleichwohl sind zunächst einige Bemerkungen zur Verteidigung des Arguments auf der reinen Begriffsebene anzufügen.

Ausgehend von den oben entwickelten Deutungslinien des ontologischen Arguments erscheint es plausibel, das Fragmentierte, Kontingente, Vorläufige nicht als grundsätzlichen Widerspruch zur höchsten Idee zu begreifen, sondern präzise als Moment an derselben zu bestimmen. Insofern dasjenige, worüber hinaus Größeres nicht gedacht werden kann, inhaltlich nicht von seiner Erfahrung zu trennen ist, verhält sich auch die Idee der Vollkommenheit zur Unvollkommenheit nicht so wie Wasser zu Öl. Die Idee der Liebe als ungebrochenes Selbstsein in Beziehung erklärt das fragmentierte und vorläufige Geschehen der Liebe, in dem die Idee ja gründet, nicht für obsolet, sondern versucht, ‚aufzuheben',[54] was in ihm gegeben ist. So kann argumentiert werden, dass gerade die Endlichkeit und Nicht-Wiederholbarkeit der Liebe derselben eine Endgültigkeit und Klarheit verleihen, die den Wert ihrer Erfahrung ausmachen.[55] Die Idee des Unbedingten negiert dementsprechend die endliche Erfahrung nicht als defizient, sondern sie schließt sie so ein, dass sie *Unterscheidung* ist von dem, was in der Erfahrung als bedingungs-

---

[52] Vgl. zu der hier angedeuteten Auseinandersetzung zwischen Kant und Nietzsche AARON LANGENFELD, Herausforderungen für eine theologische Anthropologie in der Spätmoderne, in: DERS./MAGNUS LERCH, Theologische Anthropologie (Grundwissen Theologie), Paderborn u. a. 2018, 15–72, bes. 62–70.

[53] Vgl. zu diesem Projekt JEAN-PAUL SARTRE, Das Sein und das Nichts. Versuch einer phänomenologischen Ontologie, in: DERS., Gesammelte Werke in Einzelausgaben. Philosophische Schriften, Bd. 3, Reinbek [19]2016.

[54] Hier klingt natürlich die dreifache Begriffsdimension Hegels mit. Vgl. G.W.F. HEGEL, Wissenschaft der Logik I, in: DERS., Werke in zwanzig Bänden, Bd. 5, Frankfurt a. M. 1976, 113–115.

[55] Das ist etwa die Grundidee bei KARL RAHNER, Ewigkeit aus Zeit, in: DERS., Sämtliche Werke, Bd. 30, Freiburg – Basel – Wien 2009, 648–656.

lose, buchstäblich unbedingte Bejahung aufscheint, und deren ständiger Verendlichung in Zeit und Raum.

Auch das ist schließlich ein Grundimpuls der Schellingschen Transformation der Religionsphilosophie in eine Philosophie der Offenbarung: Die Wirklichkeit Gottes zeigt sich nicht in der idealen Reinheit des Begriffs, sondern in der Geschichte Jesu und damit auch in dem sie fragmentierenden und den Auferstehungsglauben bleibend herausfordernden Kreuzestod.[56] Auch bei Kierkegaard zeigt sich die Allmacht Gottes nicht im Vermögen, alles logisch Mögliche tun zu können, sondern darin, radikale Freiheit zu ermöglichen.[57] Das Nicht-Göttliche ist in diesem Sinne nicht Widerspruch gegen Gott, sondern kann gerade aufgrund der fundamentalsten ontischen Differenz als ursprüngliche Entsprechung zum Wesen Gottes, sogar als an Gottes Wesen partizipierend gedacht werden.[58]

Ist so die Erfahrung der Endlichkeit der Liebe nicht als schlechtere Version ihres Begriffs zu verstehen, sondern als dessen inneres Moment, dann drängt auch die Spannung zwischen Wirklichkeit und Begriff nicht zur Preisgabe der Idee einer Vernünftigkeit des Seins, sondern zunächst nur zur Korrektur bestimmter Vorstellungen über das, worüber hinaus Größeres nicht gedacht werden kann. Die Idee vollkommener Liebe ist in diesem Sinne grundsätzlich offen für das, was sich zeigt, wirklich entwicklungsfähig, insofern sie selbst nicht jenseits von Geschichte steht. Die Annahme einer prinzipiellen Unvermittelbarkeit von Wirklichkeit und Begriff versperrt sich hingegen *prinzipiell* gegen bestimmte Formen der Wirklichkeitswahrnehmung und erweist sich darin eigentümlich geschichtslos. Es legt sich folglich nahe, dass die Preisgabe der Idee einer Transzendenz des Gegebenen nicht zu einer besonderen Würdigung

[56] Vgl. dazu die bündelnde Formulierung in SCHELLING, Philosophie der Offenbarung, 260: „*In einer Philosophie der Offenbarung handelt es sich allein darum, die Person Christi zu erklären.* Er *ist* nicht Lehrer, nicht Stifter, sondern *Inhalt des Christentums.*"

[57] Vgl. SØREN KIERKEGAARD, Reflexionen über Christentum und Naturwissenschaft, in: DERS., Gesammelte Werke, Bd. 17, Düsseldorf 1954, 124f.

[58] Die damit ermöglichte Idee einer ‚Feedback-Schleife' der Schöpfungswirklichkeit im Wesen Gottes selbst wird ausdrücklich in neueren prozesstheologisch-panentheistischen Entwürfen. Vgl. zur kritischen Auseinandersetzung mit der Idee im Rahmen einer trinitarischen Offenbarungshermeneutik LANGENFELD, Frei im Geist, 236–241.

endlicher Wirklichkeit, sondern zu deren Feststellung im spezifischen Denken führt.

(3) Es ist im Sinne eines performativen Selbstwiderspruchs praktisch unmöglich, (1) zu bejahen und (2) auszuschließen.

Der dritte Punkt stellt den entscheidenden Argumentationsschritt dar, insofern hier die praktische Unmöglichkeit der Bestimmung des Geschehens der Liebe als begründende Erfahrung des Selbstseins bei gleichzeitiger Zurückweisung der Idee vollkommener Liebe als demjenigen, über das hinaus Größeres nicht gedacht werden kann. Mit anderen Worten: Es ist ausgeschlossen, im Alltag die Erfahrung von Liebe als Sinngrund des Daseins und Begründung des Handelns in Anspruch zu nehmen, und gleichzeitig den Begriff der Liebe als ideale Form eines Selbstseins in Beziehung zu verwerfen.

Die Auseinandersetzung mit dieser Prämisse ist schon im Rahmen der Kritik an Prämisse 2 angeklungen: Die Alternative lautete hier, dass es genau dann möglich ist, die Idee eines Begriffs vollkommener Liebe zu verwerfen, wenn die fragmentierte Erfahrung der Liebe als *eigentliche* Wirklichkeit in Stellung gebracht und so die Vernünftigkeit in Zweifel gezogen wird, überhaupt am Begriff der Liebe als Selbstsein in Beziehung festzuhalten. An dieser Stelle wird man allerdings fragen müssen, was es hieße, nach diesem Grundsatz zu leben: Es würde entweder bedeuten, die Möglichkeit eines vernünftigen *Verstehens* der eigenen Erfahrung und des eigenen Handelns zu verwerfen. Das wäre etwa die oben bereits zur Sprache gekommene Position Camus'. Allerdings könnte diese Option keine höhere Rationalität für sich beanspruchen als jede Form religiöser Inanspruchnahme der Idee dessen, worüber hinaus Größeres nicht gedacht werden kann – im Gegenteil bliebe ein solcher Agnostizismus, der die Rationalität eines Selbstseins in Beziehung schlicht für irrelevant erklärt, gesellschaftlich und politisch stark begründungspflichtig, weil etwa das Eintreten für die Allgemeinheit der Menschenwürde nicht auf Basis rationaler Erwägungen erfolgen könnte, sondern eher Geschmacksurteil wäre.

Oder es könnte in einer schärferen Variante heißen, dass Rationalität nicht bloß irrelevant, sondern kein wirkliches Kriterium ist. Die Frage also, ob die daseinsbegründende Erfahrung der Liebe vertrauenswürdig ist oder nicht, wird als Schwäche des Subjekts identifiziert, das (noch) nicht dazu in der Lage ist, ausschließlich auf sich selbst zu vertrauen und die Wirklichkeit so seinem Willen unterzuordnen, dass es keinen Widerspruch mehr zwischen Wollen und Sein gibt. Tatsächlich kennt diese zweite Perspektive folglich auch kein allgemeines ‚Oben' und ‚Unten', kein ‚Gut' und ‚Böse' mehr, sondern nur den selbst gesetzten Willen zur Macht,[59] ein nicht mehr durch die unbedingten sittlichen Ansprüche der Vernunft herausgefordertes Streben nach Glück.[60] Mit anderen Worten: Die zuletzt markierte Perspektive weist eine Praxis zurück, in der die Idee eines Selbstseins in Beziehung zugunsten eines reinen Selbstseins zurückgewiesen wird. Der Widerspruch zwischen der praktischen Inanspruchnahme der Liebe als demjenigen, worüber hinaus Größeres nicht geschehen kann, und der Ablehnung seiner begrifflichen Stabilisierung in der höchsten Idee wird also durch eine Praxis aufgelöst, in der die andere Mittel zu meinen Zwecken ist. Das In-Beziehung-Sein als Grund und Begründung, ja als Sinn des eigenen Handelns zu begreifen ist dann nichts weiter als eine reine Täuschung über eine in Ego-Zentren zersplitterte Wirklichkeit, in der nichts zählt als der Wille zur Durchsetzung der eigenen Perspektive.

Camus hat die Problematik dieser Perspektive gesehen und gegen Nietzsche stark gemacht.[61] Wo kein Wert in Geltung ist, geht auch der Wert der Güte und der Menschlichkeit verloren – Eigenschaften, die nach Camus die menschliche Natur zutiefst auszeichnen. Das Eintreten für die Würde anderer, Solidarität, Freundschaft, Partnerschaft, all das zu leugnen (epistemologisch und existenziell) heißt tragende Fundamente menschlicher Praxis überhaupt zu leugnen, es heißt zuletzt, die *conditio humana* zu leugnen. Würde sich Sisyphos an seinem Berg umdrehen, dann sähe er zahllose Menschen, mit denen er ursprünglich in Gemeinschaft ist und auf deren Ge-

---

[59] Vgl. programmatisch FRIEDRICH NIETZSCHE, Jenseits von Gut und Böse, in: DERS., KSA, Bd. VI,2, hrsg. Von Giorgio Colli und Mazzino Montinari, Berlin 1968.

[60] Ausdrücklich wird hier also die Position Kants verworfen, die er einnimmt in: DERS., Kritik der praktischen Vernunft, ergänzter Nachdr. der 9. Aufl. v. 1929, hrsg. von Karl Vorländer, Hamburg 1985.

[61] Vgl. zu dieser Distanzierung ALBERT CAMUS, Der Mensch in der Revolte, Reinbek [28]2011, 15. Vgl. zum Wandel in der Position Camus' auch HERMANN KRINGS, Albert Camus und die Philosophie der Revolte, in: HEINZ-ROBERT SCHLETTE (Hg.), Wege der deutschen Camus-Rezeption (Wege der Forschung; 461), Darmstadt 1975, 28–44.

meinschaft er sich verpflichtet weiß. Diese Kantianisch anmutende Figur zieht ihre modale Kraft allerdings nicht aus einer abstrakten Deontologie, sondern eher aus einer Ethik der Solidarität und Freundschaft.[62] Gleichwohl mündet – Kant ganz ähnlich – auch bei Camus die Einsicht in die Erfahrung eines Selbstseins in Beziehung in die Frage nach Gott, nach einer letzten Begründung einer gelebten Praxis der Anerkennung.[63]

Das hier vorgestellte Argument geht über diesen Fragecharakter hinaus und behauptet so auch gegen Camus, dass eine *rationale* Integration der partizipativen Erfahrung von Liebe und Anerkennung nicht ohne den begrifflichen Ausgriff nach einer die Erfahrung als vertrauenswürdig begründenden Wirklichkeit möglich ist. Man kann also die Erfahrung eines Selbstseins in Beziehung nicht *verstehen*, ohne zugleich die Idee von Beziehung überhaupt in Anspruch zu nehmen und damit – wie in der Diskussion von (1) und (2) gezeigt – in der Negation der Erfahrung die Idee vollkommener Beziehung in Anspruch zu nehmen. Zugleich zeigt sich damit natürlich, dass die Prämisse nicht im strengen Sinne zwingt, sondern zuletzt nur auf die Möglichkeit eines wirklich rationalen Begreifens von Wirklichkeit sowie die gravierenden praktischen Konsequenzen ihrer Zurückweisung aufmerksam machen kann. Es ist auf Basis der vorhergehenden Argumente nicht erkennbar, warum der Zweifel und das Misstrauen gegen eine letzte Vernünftigkeit von Erfahrung und Idee eines Selbstseins aus und in Beziehung besser begründet sein sollten als ein Festhalten an deren Tragfähigkeit im Glauben.

(4) Dasjenige, worüber hinaus Größeres nicht gedacht werden kann, ist als faktisch geschehend zu denken.

Ist so der rationale Zusammenhang von Erfahrung und Begriff ausgewiesen und damit die Möglichkeit erläutert, von der idealen Form des Begriffs her die Wirklichkeitserfahrung als vernünftig und folglich als vertrauenswürdig zu begreifen, kann nunmehr umgekehrt gesagt werden, dass die Liebe als Inhalt der höchsten Idee *tatsächlich geschieht*, dass also der bloße Gedanke desjenigen, worüber hinaus Größeres nicht gedacht werden kann, eine Entsprechung

---

[62] Vgl. dazu etwa die verschiedenen Beiträge in ALBERT CAMUS, Verteidigung der Freiheit. Politische Essays, Reinbek 1997.

[63] So zumindest ein Protagonist in ALBERT CAMUS, Die Pest, Reinbek [77]2010, 290.

in der Wirklichkeit hat. Eine Ablehnung dieser Prämisse müsste auf Basis einer Kritik der vorherigen Überlegungen geschehen, sodass hier nur auf die entsprechenden Diskurse zurückverwiesen wird.

(5) Im christlichen Sprachgebrauch wird die Liebe als dasjenige, worüber hinaus Größeres nicht gedacht werden kann, mit Gott identifiziert.

Die christliche Identifikation der Liebe mit dem Gottesbegriff ist theologisch umfassend belegt, sodass ein ausführlicher Ausweis hier fehlen darf. Den Vorwurf eines Zirkelschlusses wird man hingegen nur bedingt abweisen können, weil offensichtlich bereits in der inhaltlichen Bindung des Begriffs dessen, worüber hinaus Größeres nicht gedacht werden kann, an den offenbarungstheologisch bestimmten Begriff der Liebe eine Verknüpfung mit dem Begriff Gottes vorgenommen wurde. Das scheint aber kein sonderlich gravierendes Problem darzustellen, da einerseits hermeneutische Zirkel prinzipiell unvermeidbar sind (und als hermeneutisch soll das vorliegende Argument begriffen werden) und andererseits auch bei Anselm selbst der Ausgang des Arguments die Anwendung der höchsten Idee auf den Begriff Gottes ist. Hier wurde lediglich versucht, diese Idee abduktiv von ihrem möglichen Inhalt her zu erschließen und damit die Frage zu stellen, ob aus dem *konkreten* Begreifen desjenigen, worüber hinaus Größeres nicht gedacht werden kann, *als Liebe* der so identifizierten Idee Gottes Existenz zugesprochen werden kann.

Ein relevantes Problem scheint allerdings zu sein, dass die christliche Identifikation Gottes mit der Liebe zunächst nicht religionsübergreifend Gültigkeit besitzt. Dieses Problem spitzt sich dahingehend zu, dass jüdisch und islamisch der Offenbarungsbegriff im Regelfall formal anders gefasst ist als christlich.[64] Grund dafür ist dabei zuletzt die konkrete Gestalt, also der Offenbarungsinhalt, der über ihre Reflexionsform entscheidet. Die hier in Anspruch genommene starke Bestimmung der Offenbarung als *Sich-Zeigen* Gottes in der Geschichte ist in diesem Sinne prima facie nicht unmittelbar interreligiös anschlussfähig. Das mag im Kontext einer defensio des ontologischen Arguments eine randständige Feststellung sein, sie wirft allerdings nachdrücklich die Frage auf, ob die Bestimmung der Idee desjenigen, worüber hinaus Größeres nicht gedacht werden

[64] Vgl. hierzu und zum Folgenden einführend Klaus von Stosch, Offenbarung, Paderborn u. a. 2010, 96–129.

kann, aus dem Begriff der Liebe heraus nicht zwangsläufig dazu führen muss, alle nicht-christlichen Begriffe Gottes als Bestimmungen zu denken, über die hinaus Größeres gedacht werden kann.

Allerdings kann der hier eingeschlagene methodische Weg zugleich dazu anleiten, den Ansatz bei der konkreten Offenbarung nicht nur der eigenen Tradition zuzugestehen, sondern vor jeder Defizienz- oder Harmoniebehauptung die Frage nach dem konkreten Verstehen des Gottesbegriffs in der jeweils anderen religiösen Tradition zu stellen. Dass etwa jüdisches Offenbarungsdenken in besonderer Weise von der Idee einer Geschichtlichkeit Gottes geprägt ist und dass die Ästhetik der Offenbarung im Islam eine hervorstechende Rolle spielt, kann dann bereits Entsprechungen in der Sache aufweisen, die der bloße Vergleich des Begriffs übersieht. Darüber hinaus kann gerade die Nicht-Übereinstimmung der Religionen im Begriff desjenigen, worüber hinaus Größeres nicht gedacht werden kann, als vertiefte Einsicht in die letzte Entzogenheit eines Verstehens Gottes begriffen werden, das gerade dazu herausfordert, das Geschehen seiner geschichtlichen Erfahrung neu in den Mittelpunkt der Auseinandersetzung zu stellen und damit am konkreten Zeugnis möglicherweise unerwartete Gemeinsamkeiten entdecken.[65]

(6) Es darf vernünftigerweise angenommen werden, dass Gott wirklich ist.

Die Konklusion des Arguments ist hinsichtlich des Erkenntnisanspruchs bewusst vorsichtig formuliert, damit zugleich aber als Versuch identifizierbar, den Glauben mit Bezug auf die Ausgangsfrage dieses Textes als rationale Möglichkeit zu begreifen. Der Glaube an den Gott, der dasjenige, worüber hinaus Größeres nicht gedacht werden kann, insofern ist, dass er Liebe ist, ist im Horizont der vorgetragenen Argumentation eine, wenn nicht sogar *die* vernünftigere Möglichkeit, Wirklichkeit zu begreifen. Zugleich wird in der Formulierung ‚dürfen' die Hermeneutik des Vertrauens bewusst: Der Glaube, der sich seiner Vernünftigkeit vergewissert hat, bleibt eine Grundhaltung jenseits des Zwangs,[66] er eröffnet die freie Möglich-

---

[65] Vgl. zum zentralen Begriff des Zeugnisses im interreligiösen Dialog Felix Körner, Kirche im Angesicht des Islam. Theologie des interreligiösen Zeugnisses, Stuttgart 2008.

[66] In diesem Sinne ist etwa auch Stefan Lang zuzustimmen, der im Anschluss an Mendelssohn eine Kritik der Kritik Kants am ontologischen Argument nachzeich-

keit, der Tragfähigkeit der Erfahrung eines Selbstseins in Beziehung begründet vertrauen zu können, nicht zu müssen.

Kommentare

Ein Begriff, der etwas erfahren hat – das nicht nur ontologische Argument (Fana Schiefen)

Langenfeld stellt sich in seinem Beitrag der nach der Kantischen Kritik am ontologischen Argument aufgegebenen Frage, ob dem Begriff desjenigen, worüber hinaus Größeres nicht gedacht werden kann, auch konkrete Wirklichkeit entspricht und wie diese Korrespondenz erkannt werden kann. Die leitende Erkenntnis lautet: Wirklichkeitsbeschreibung braucht Begriffe. Begriffe müssen Wirklichkeit enthalten/beschreiben. Damit sind wir im Minenfeld des ontologischen Arguments angelangt. Das Verhältnis von Begriff und Existenz/Wirklichkeit. Was bei Kant zur Ablehnung des ontologischen Arguments führt, wird für Langenfeld zum entscheidenden Kriterium für die bleibende Stichhaltigkeit des Arguments. Dies gelingt ihm jedoch nicht ohne einschneidende Verschiebungen und Veränderungen des ursprünglich Anselmschen Konzepts. Als klug erweist sich dabei in meinen Augen mit einer ästhetischen Perspektive an die Gottesfrage bzw. an das ontologische Argument heranzugehen.

Zunächst einmal spielt Langenfeld das ontologische Argument jedoch dezidiert existentialphilosophisch durch. Der Anselmsche Grenzbegriff desjenigen, über den hinaus Größeres nicht gedacht werden kann, wird *als Liebe erfahren* und diese wiederum mit Gott identifiziert. Aber auch Erfahrungen des Fragmentierten, Kontingenten, Vorläufigen werden in das aufgenommen. Sie führen gerade nicht zu einer Unvereinbarkeit oder eines Widerspruchs zu dem, worüber Größeres nicht gedacht werden kann, da ein Widerspruch im Widerspruch zu eben jenem Begriff stünde. Was leistet der Grenzbegriff An-

---

net, die der hier präsentierten bisweilen nicht unähnlich ist, dass eine zweifelsfreie Widerlegung der Kritik Kants nicht gelingt. Vgl. Ders., Mendelssohn und Kant über den ontologischen Gottesbeweis, in: DZPhil 69 (2021) 720–741. Streiten lässt sich aber über die Frage, ob die hier vorgelegte existenzphilosophische Lesart des ontologischen Arguments die Existenzfrage Gottes nicht so umbestimmt, dass sie zuletzt am Vertrauen auf die Verlässlichkeit alltäglicher Erfahrung hängt.

selms? Er „ist gegenüber der Erfahrung reine Form, Idee, die erreicht, aber nicht mehr im Denken aufgelöst werden kann.“ Das bedeutet aber nicht, dass der Begriff gegenüber der Erfahrung immun ist. Die Pointe, die ich aus dieser existentialphilosophischen Version sehe, liegt darin, dass es die Erfahrung ist, die den Begriff – und vielleicht müsste man genauer sagen, die Grenze des Begriffs variiert, ermöglicht. Der rationale Zusammenhang von Erfahrung und Begriff muss jedoch noch näher ausgewiesen werden, um zeigen zu können, dass der Begriff desjenigen, über den hinaus Größeres nicht gedacht werden kann, eine Entsprechung in der Wirklichkeit hat.

Mit dem Stichwort der Entsprechung komme ich zu meiner ersten Frage. Folgt das hier vorgebrachte Argument einer korrespondenztheoretischen Grundannahme? Wenn dem so ist, drängen sich mindestens zwei Folgefragen auf: Wie sieht die Entsprechung von Begriff und Wirklichkeit genau aus? Und wie entkommt man der geradezu klassischen Falle des infiniten Regresses einer unendlichen Kette von Entsprechungen? Das kleine Wort „insofern“ muss dabei näher betrachtet werden. Das Ergebnis lautet ja: „Der Glaube an den Gott, der dasjenige, worüber hinaus Größeres nicht gedacht werden kann, insofern ist, dass er Liebe ist“. Umgekehrt heißt das: Wenn oder weil Gott als Liebe aufgefasst wird, dann ist er das, worüber hinaus Größeres nicht gedacht werden kann. Das ist eine entscheidende Prämisse, die nicht jeden überzeugen wird und als infiniter Regress oder Zirkelargument ausgewiesen, eine bleibend berechtigte Kritik darstellt.

Mit der Verwendung der Formulierung „Selbststein aus und in Beziehung“ spielt Langenfeld eine transzendentallogische Freiheitskonzeption ein und macht auf die Doppelstruktur des Subjekts, das weder nur für sich selbst da ist, noch ganz in der Beziehung aufgeht, aufmerksam. Transzendentale Freiheitskonzepte üben Kritik an der Unterbestimmung der Freiheit als Autonomie (vgl. – wenn auch anders begründet – Rosenhauer) und legen eine transzendentale Analyse der menschlichen Freiheit (z. B. Hermann Krings) vor. Sie können den Begriff der menschlichen Freiheit widerspruchfrei denken. Zudem bieten sie aus dem Akt der menschlichen (unvollkommenen) Freiheit einen Ausgriff auf die vollkommene Freiheit, die ja als Bedingung der endlichen Freiheit gedacht werden soll. Diesen Ausgriff könnte man als Gotteserfahrung deuten, durch den die Beziehung des Menschen zu Gott realisiert wird. Auf diese Weise kann nicht nur menschliche

Freiheit als wirklich gedacht bzw. erfahren werden, sondern auch die Wirklichkeit Gottes. Diese Erfahrungsdimension wird im Langenfeldschen Entwurf plausibel in den ontologischen Ansatz integriert. Die Korrespondenz zwischen Begriff und Wirklichkeit kann durch den transzendentalen Freiheitsbegriff als *wirkliche* Relation menschlicher Freiheit auf Gott (im Ausgriff endlicher Freiheit auf vollkommene Freiheit) *gedacht und erfahren* werden.

Ob man den Beweis nun – wie Langenfeld es für sich beansprucht als hermeneutisch charakterisiert oder ihn – wie ich es herausstellen würde – als ästhetischen auffasst, ist zweitranging. Bei der Akzentuierung auf das hermeneutische Moment könnte man mit Verweis auf Ricœur noch deutlicher herausstellen, dass die Hermeneutik des Verdachts nicht gegen die Hermeneutik des Vertrauens ausgespielt werden darf, sondern wir uns in den bleibenden Konflikt der Interpretationen hineinzubegeben haben. Als spezifisch ästhetischer Ansatz könnte der Mehrwert gegenüber einer rein abstrakten Begriffsarbeit deutlicher herausgestellt, der hier beigemessene Stellenwert der Erfahrung transparenter gemacht und durch die kritische Überprüfung an der Entsprechung in der Wirklichkeit aufgewertet werden. Dies könnte ggf. auch die interreligiösen Bedenken hinsichtlich der Offenbarung dahingehend relativieren, als hierdurch auch eine jüdisch-anschlussfähige Geschichtstheorie wie auch eine islamische Ästhetik der Offenbarung integriert werden könnten. Und nicht zuletzt wäre – dem ursprünglichen Anliegen der Ästhetik als philosophischer Disziplin entsprechend – eine ästhetische Reflexion immer auch das performative Zusammendenken von theoretischer und praktischer Vernunft.

Kann man das ontologische Argument vom Kopf auf die Füße stellen? (Martin Breul)

Das ontologische Argument für die Existenz Gottes ist ein Dauerbrenner der Systematischen Theologie und fasziniert Denker:innen seit nunmehr fast einem Jahrtausend. Ein erfolgreicher ontologischer Gottesbeweis käme wohl dem größten Coup des menschlichen Denkens gleich: Ein Beweis des größtmöglich Seienden, und das ohne Rekurs auf irgendwelche Erfahrungen, sondern allein aus der Logik des Begriffs! Allerdings fühlt man sich, wenn man die klassische Figur des Arguments, die sich bei Anselm oder Descartes findet und die Langenfeld prägnant nachzeichnet, zum ersten Mal hört, wie ein Opfer eines begrifflichen Taschenspielertricks. Im Nachvollzug der Prämissen sieht man die logische Notwendigkeit der Schlussfolgerung ‚Gott existiert' ein, und zugleich hat man das Gefühl, hinters Licht geführt worden zu sein, ohne genau sagen zu können, wo und wie der Trick vollzogen worden ist. Erst die kantische Einsicht, dass Existenz nicht zu den ‚großmachenden' Eigenschaften einer Entität gezählt werden dürfe, bringt dann wieder etwas Licht ins Dunkel.

Der Text von Langenfeld ist deshalb so stark, weil er diesen Eindruck des ‚Taschenspielertricks' konsequent vermeidet. In klarer Argumentationsführung diskutiert er die Stärken und Schwächen des ontologischen Gottesbeweises und formuliert eine eigene Fassung dieses Arguments, die auch für die gegenwärtige Debatte um die rationale Verantwortung des Gottesglaubens relevant ist. Langenfelds Variante des ontologischen Arguments läuft am Ende auf eine performanztheoretische Reformulierung des Arguments hinaus: Weil wir im Alltag Erfahrungen von Liebe als letzten Sinngrund machen, sind wir berechtigt, das Geschehen von Liebe als letzte Wirklichkeit in ontologischer Hinsicht anzunehmen. Damit ist eine ontologische Priorität der Liebe ausgesagt, die christlich mit der Wirklichkeit Gottes identifiziert wird. Gerade die *Erfahrung* von Liebe legt es also nahe, den *Begriff* der Liebe zu modifizieren und Liebe als tatsächlich existent zu denken. Langenfelds Argument ist nicht ein deduktives Argument aus der Logik des Begriffs allein, sondern ein abduktives Argument, also ein Schluss auf die beste Erklärung unserer Erfahrungswirklichkeit.

Die naturgemäß erste Rückfrage an jede Reformulierung des ontologischen Arguments lautet in meinen Augen, ob und inwiefern es der Kritik Kants am ontologischen Argument entkommt. Kants zentraler Einwand gegen ontologische Argumente besagt, wie gesehen, dass Existenz keine großmachende Eigenschaft ist, sondern die Bedingung der Möglichkeit dafür, überhaupt Eigenschaften zu haben.

Trifft dieser kantische Einwand auch auf Langenfelds Reformulierung zu? In meinen Augen zielt der kantische Einwand am ehesten auf die vierte Prämisse in Langenfelds Argument. Diese Prämisse besagt: „Dasjenige, worüber hinaus Größeres nicht gedacht werden kann, ist als faktisch geschehend zu denken". Würde diese Prämisse allein aus dem Begriff „worüber hinaus Größeres nicht gedacht werden kann“ begründet werden, dann würde auch Langenfeld von Kants Kritik betroffen sein – die Notwendigkeit des faktischen Geschehens von Liebe folgt nicht aus dem Begriff ‚Dasjenige, worüber hinaus Größeres nicht gedacht werden kann‘. Langenfeld begründet die Faktizität des Geschehens von Liebe aber gar nicht aus dem Begriff der Liebe selbst, sondern wählt einen phänomenologischen Zugang: Er plädiert dafür, dass eine Selbst- und Weltdeutung in den Kategorien der Liebe gegenüber alternativen Selbst- und Weltdeutungen, z. B. einer Philosophie des Absurden bei Albert Camus oder dem Nihilismus Friedrich Nietzsches, die höhere Plausibilität habe. Damit entkommt er der kantischen Kritik am ontologischen Argument, aber schwächt dessen Begründungsanspruch, weil es ja gerade kein Argument aus dem Begriff mehr ist, sondern ein Argument aus einem gelingenden hermeneutischen Zugriff auf lebensweltliche Erfahrungen von Liebe.

Dieses Argument halte ich im Kern für sehr überzeugend. Zugleich halte ich es für fraglich, ob das Etikett ‚ontologisches Argument‘ für die Langenfeld'sche Gedankenführung noch passend ist. Das klassische ontologische Argument ist eine apriorische begriffliche Deduktion: Ganz ohne Rekurs auf Erfahrung, sondern lediglich aus reiner Begriffsarbeit wird die Notwendigkeit der Existenz Gottes bewiesen. Langenfelds reformuliertes ontologisches Argument stellt dieses vom Kopf auf die Füße: Gerade weil ein Begriff von Liebe *nicht ohne Erfahrung* fassbar ist, lässt sich die Existenz Gottes behaupten. Langenfelds Argument läuft darauf hinaus, dass der Glaube an die Existenz Gottes eine rational legitime Option des Begreifens (des Deutens?) von Wirklichkeit ist. Vielleicht ist die Wirklichkeit der Liebe sogar eine – von atheistischer Seite uneingestandene – Unterstellung unserer Alltagspraxis. Die Struktur dieses Arguments ist einleuchtend – nur hat sie viel mehr mit einer Postulatenlehre als mit einem ontologischen Argument zu tun, da es sich weder um eine apriorische, von der Erfahrung unabhängige Argumentation handelt, noch die Notwendigkeit der Existenz Gottes als theoretisch wissbare Überzeugung bewiesen wird.

An diesen Punkt schließt sich meine zweite Rückfrage an: Langenfeld bindet das Begriffspaar Denken und Sein stark aneinander und flirtet im Anschluss an Hegel und Schelling mit der Idee, dass Vernunft nicht lediglich ein Vermögen autonomer Subjekte ist, sondern dass sich die ‚Vernünftigkeit des Seins' in der Geschichte erweisen muss. Warum aber sollte ich die Vernunft des Seins als etwas begreifen, das sich in der Geschichte zeigen muss? Bildet Vernunft eine ontologische Tiefenstruktur des Seins als solchem oder nicht doch eher ein Vermögen intersubjektiv vergesellschafteter Subjekte? Zeigt sich Vernunft tatsächlich in der Wirklichkeit selbst, oder doch eher im vernünftigen Umgang freier Subjekte mit ebendieser Wirklichkeit? Langenfelds Argument scheint mir in die Richtung zu zielen, dass die Erfahrungen von gelingendem Selbst-Sein in Beziehung als etwas ausgewiesen werden, das wir in unserer Alltagspraxis als tragfähig voraussetzen. Daraus lässt sich die Vernunft des Glaubens an die Realität der göttlichen Liebe ableiten (vielleicht auch: postulieren?). Wo aber liegt der Mehrwert für das Langenfeld'sche Argument, die Struktur des Seins selbst derart aufzuladen und davon zu sprechen, dass sich Wirklichkeit ‚erweist' oder ‚sich zeigt' – ist damit nicht der aktive Prozess des vernünftigen Interpretierens des Seins zugunsten einer passiven Widerfahrnis des Erweises der Vernunft der Wirklichkeit unterbestimmt? Mit anderen Worten: Müsste nicht die Hinwendung zur Performanz der Liebe konsequenter durchgezogen werden, weil in Langenfelds Argument nach wie vor ein Primat der Theorie vor der Praxis, der Ontologie vor der Handlungstheorie besteht?

Insgesamt zeigt Langenfelds Reformulierung des ontologischen Arguments, dass dieses nach wie vor von hoher Relevanz für eine rationale Verantwortung des Glaubens an die Wirklichkeit Gottes im 21. Jahrhundert ist. Insbesondere die performanztheoretische Drehung zur Wirklichkeit der Liebe, die erfahrungsgesättigt als Urgrund der Wirklichkeit behauptet werden kann, ist ein Schlüssel, um das ontologische Argument einordnen zu können: Die Betonung der Liebe als letzte Wirklichkeit, die zugleich Gott ist, stärkt das ontologische Argument, da es nicht zu einer rein begriffslogischen Ableitung, sondern zu einer phänomenologisch und existenzphilosophisch angereicherten Begründungsfigur für die Rationalität des Glaubens führt. Zugleich zeigt sich hier die Ambivalenz des ganzen Unterfangens: Gerade weil Liebe und Freiheit so stark gemacht werden, kann das ontologische Argument kein Beweis der Wirklichkeit Gottes sein – wäre er ein solcher, wäre ja die Freiheit der Entscheidung zum Glauben aufgehoben und eine reziproke, also liebende Beziehung zwischen Schöpfer und Geschöpf unmöglich. Langenfelds Fortschreibung des ontologischen Arguments ist also gerade deshalb so stark, weil das Argument vom apriorischen Ansatzpunkt und vom begründungstheoretischen Anspruch her geschwächt wird – und es ist eine offene Frage, ob eine weitergehende Hinwendung zu einer ‚praktischen Metaphysik' das Argument nicht noch stärker machen könnte.

Liebe: Sein oder Sollen oder beides zugleich? (Sarah Rosenhauer)

Weil ich dem Argument Langenfelds in vielen zentralen Punkten nur zustimmen kann, hat meine Replik weniger die Form der Kritik, als die der Aneignung, die in einen Vermittlungsvorschlag mündet.

Zustimmen möchte ich zunächst dem Ausgangspunkt der Argumentation: Wenn wir fragen, ob es vernünftig verantwortbar ist, an Gott zu glauben, ist es nicht irrelevant, was wir unter Gott verstehen, wie wir sein Verhältnis zur Welt und zum Menschen denken etc. Und die Frage, was wir unter Gott verstehen und wie wir sein Verhältnis zu Welt und Mensch denken, auch hier würde ich Langenfeld sehr zustimmen, ist keine, die wir rein spekulativ oder postulatorisch, also aus der reinen Eigenaktivität unserer Vernunft heraus, beantworten können. Die Frage nach Gott hat etwas mit Erfahrung zu tun und Erfahrung etwas mit Erleiden: mit der aktiv-passiven Teilnahme an einem Geschehen, das sich uns schickt, schenkt, das uns widerfährt. Wir wissen, wie Gott ist, wie er in und an Welt und Menschen handelt und wirkt, nicht, weil wir es uns ausdenken, sondern weil er es (und damit sich) tut. Oder: An erster Stelle steht das Geschehen der Selbstmitteilung Gottes – ohne dieses Prä Gottes bliebe die postulatorische, spekulative etc. Selbst- und Weltdeutungsaktivität des Menschen bestenfalls formal und inhaltsleer.

Ebenfalls entschieden zustimmen möchte ich der inhaltlichen Qualifizierung dieses Tuns, dieses Geschehens, in dem Gott sich selbst gibt: Es ist die Liebe. Gott gibt sich in und als Liebe. Und wenn wir unseren Glauben an ihn verantworten wollen, dann ist das, was wir verantworten wollen und können, eben der Glaube an Gott als Liebe. Oder: Wenn es einen Grund gibt, an Gott zu glauben, dann weil es Liebe gibt, weil Liebe sich ereignet: Weil wir Erfahrungen der Liebe machen dürfen (oder ihres Vermissen machen müssen), uns Liebe geschenkt wird, wir Liebe schenken dürfen. Und weil mit diesen Erfahrungen der Liebe etwas verbunden ist, das (weit) über das hinausgeht, was wir herzustellen, zu leisten und zu machen im Stande sind.

Diese spezifische Überschüssigkeit der Liebe ist nun der entscheidende Ansatzpunkt für Langenfelds ontologische Glaubensbegründung: Es ist der deutende Ausgriff auf die Möglichkeit idealer Liebe, der die realen Erfahrungen von Liebe vor der potenziellen Absurdität ihrer Überschüssigkeit bewahrt. Oder: Das Geschehen der Liebe ist verbunden mit einer begrifflichen Deutung, die einen Begriff idealer Liebe insofern in Anspruch nimmt, als dieser es ist, der die realen Erfahrungen der Liebe trotz ihrer Defizienz, Fragmentarität, Partikularität etc. als nicht absurd (als wirklich daseinsbegründend) denkbar macht.

Mir scheint es nun, dass dieser Ausgriff sowohl begrifflich als auch postulatorisch (re)formuliert werden kann und dass sich daraus eine mögliche Vermittlung von praktisch-postulatorischer und ontologisch-begrifflicher Glaubensbegründung ergibt. Was ich (in vermittelnder Ansicht) vorschlagen möchte, ist eine freiheitstheoretisch-ereignisontologische und eine normative Reformulierung oder Aneignung von Langenfelds existenzphilosophischer Überlegung, indem die potenzielle Absurdität der Liebe zum einen in einem Überschuss des Ereignishaften über das Autonome und zum anderen in einem Überschuss des Normativen über das subjektiv-kollektiv Herstellbare begründet wird.

Der freiheitstheoretisch-ontologische Überschuss des Ereignishaften über das autonom Machbare besteht darin, dass Liebe, wiewohl sie der höchste Freiheitsvollzug ist, zugleich in höchstem Maße ereignishaft ist: Wir entscheiden uns nicht aus rationaler Erwägung dafür, uns zu verlieben, es passiert. Dieser Umstand setzt die Liebe der Gefahr der Absurdität aus, insofern die Ereigniskomponente vielfältig deutbar ist: als Zufall, als biologische Zweckorientierung (egoistischer Überlebens- oder Arterhaltungswille), die als tatsächliche Motivation uneingestandenerweise unser deliberatives Handeln lenkt. Liebe wird damit ihrer Dignität beraubt. Oder man deutet den Überschuss des Ereignishaften über die autonome Freiheit religiös, näherhin christlich als „Ort“ der „Intervention“ eines Gottes, der will, dass wir sind und dass wir leben in Fülle.

Der normative Überschuss des Normativen über das subjektiv-kollektiv Herstellbare besteht darin, dass Liebe einen Unbedingtheitsanspruch (in qualitativer wie quantitativer Hinsicht) impliziert, der realiter nicht einlösbar ist: Weder können wir unser konkretes Gegenüber in dem Maße lieben, wie sie/er es bräuchte. Noch können wir denen individuell und strukturell verweigerte, verunmöglichte etc. Liebe nachträglich doch noch schenken, die nicht mehr sind. Dieses Unvermögen setzt Liebe insofern der Gefahr der Absurdität aus, als das, was in Taten der Liebe faktisch defizient und fragmentiert, aber normativ eindeutig gesetzt und praktiziert wird: das unbedingte Seinsollen des Anderen, das unbedingte Ja zu seiner Existenz und Freiheit, durch die Begrenztheit unserer Vermögen zur Einlösung dieses normativen Anspruchs einen tragischen Anstrich bekommt. Gott kommt dann als der ins Spiel, der den in der Liebe implizierten Sollensanspruch als nichtabsurd verbürgt.

Dass die Überschüssigkeit der Liebe sowohl eine freiheitstheoretisch-ontologische als auch eine normative Dimension hat, scheint mir ein zentraler Ansatzpunkt für eine Versöhnung praktisch-postulatorischer und ontologisch-begrifflicher Glaubensbegründung zu sein. Und darauf hinzudeuten, dass die eine Begründungsfigur nicht ohne die andere auskommt.

„Von Nichts kommt Nichts"?
Zur integrativen und religionskritischen Funktion kosmologischer Argumente

Fana Schiefen

„Dem Anspruch intellektueller Redlichkeit sucht die Theologie gerecht zu werden, indem sie den Glauben bedenkt, d. h. Vollzug und Gehalt religiöser Überzeugungen auf den Wegen und mit den Mitteln der Vernunft rekonstruiert. Sie kann diese Aufgabe aber nicht erfüllen, ohne zugleich auch das Denken zu bedenken."[1] Damit steht die Forderung im Raum, über die Methoden der theologischen Erkenntnisgewinnung zu reflektieren. Das bedeutet konkret, „zu den unhintergehbaren Prinzipien des Denkens und Handelns vorzudringen"[2]. Sucht man in der Geschichte der philosophischen Theologie nach Gründen für die Annahme der Existenz Gottes, so blickt man auf eine lange und vielseitige Tradition zurück. Besondere Aufmerksamkeit erfahren dabei immer wieder die sogenannten Gottesbeweise, von denen hier nun die kosmologischen Varianten diskutiert werden sollen. Die These, die diese Reflexionen leitet, lautet: Kosmologische Argumente sind keine physikalischen, naturwissenschaftlichen und auch keine theologischen Beweise, sondern metaphysische Spekulationen mit *integrativer* und *religionskritischer* Funktion. Es werden zunächst die Problemhorizonte der Argumente skizziert (1). Daran schließt sich eine kurze Rekonstruktion wirkmächtiger Spielarten des kosmologischen Arguments (2.) an. In einer kritischen Würdigung (3.) geht es um die Differenzierung zwischen unter heutigen Gesichtspunkten eher zu vernachlässigenden und bleibend relevanten Argumenten und Argumentationsweisen für die rational nachvollziehbare Annahme der Existenz Gottes. In einem Fazit (4.) werden die wichtigsten Ergebnisse gebündelt.

---

[1] Hans-Joachim Höhn, Standards der Rationalität, in: Georg Gasser/Ludwig Jaskolla/Thomas Schärtl (Hg.), Handbuch für analytische Theologie (STEP 11), Münster 2017, 241–264, hier: 246.

[2] Ebd.

1. Problemhorizonte des Arguments

Gemeinhin werden Gottesbeweise im Feld der Natürlichen Theologie verortet. Natürlicher Theologie geht es um einen erkenntnismäßigen Zugang zu Gott. Das Misstrauen gegenüber natürlicher Theologie deutet einerseits eine Überforderung der Vernunft an, andererseits eine Art logisches Nullsummenspiel: „Ein bewiesener Gott ist kein Gott".[3] Aber stimmt diese Gleichung? Ein bewiesener Gott, der „bloß eine Sache in der Welt"[4] ist, ist tatsächlich kein Gott. Wenn aber natürliche Theologie zu differenzieren hilft, was der Mensch aus bloßen Vernunftgründen von Gott erkennen kann und wo dieses Ziel verfehlt wird, ist sie ein nützliches Instrument. Auf der Suche nach dem Wesen Gottes formuliert sie beispielsweise Kriterien, „unter welchen Bedingungen irgendein behaupteter Gott ernsthaft als Urheber des ganzen Kosmos gedacht werden [kann]"[5].

Die falsche Gegenüberstellung von entweder „übernatürlicher" Offenbarung auf der einen Seite und natürlicher Theologie auf der anderen, welche zu einer Erschließungsmöglichkeit der Wahrheit Gottes ohne Offenbarung werden kann und als Hybris der Vernunft angesehen wird, führt dazu, dass wir heute lieber von rationaler Theologie sprechen. Ist das Problem damit aus der Welt geschafft? Nicht unbedingt, aber das schwierige Verhältnis von Offenbarung und Vernunft akzentuiert die wichtige Differenz zwischen der Unmöglichkeit eines Beweises für die Existenz Gottes und der Rechtfertigung der Annahme der Existenz Gottes und der daraus resultierenden Interpretation der Wirklichkeit.

Gottesbeweise sind dort aus der Zeit gefallen, wo von ihnen allein die Vernünftigkeit des Glaubens abhängig gemacht wird. Stattdessen beanspruchen diverse Ansätze der Rechtfertigung religiöser Überzeugungen (wie z. B. auch die drei anderen in diesem Buch) diese Rationalität des Glaubens ausweisen zu können. Der Begriff ‚Gottesbeweis' wurde in der gegenwärtigen Literatur weitestgehend zuguns-

---

[3] KARL JASPERS, Der philosophische Glaube. Gastvorlesungen, München 1948, 9. Aufl. 1988, 30.

[4] DERS., Einführung in die Philosophie. Zwölf Radiovorträge, Zürich 1950, 29. Aufl. München 1991, 34.

[5] WOLFHART PANNENBERG, Systematische Theologie, Bd. 1, Göttingen 1991, 90.

ten des ‚Arguments' respektive der ‚Begründung' abgelöst.[6] Dass es sich hierbei nicht um einen billigen Taschenspieler:innentrick handelt, ist eine der leitenden Intentionen dieses Bandes und dieser soll auch in der folgenden Ausführung in Bezug auf kosmologische Argumente nachgegangen werden. Sich nach der fundamentalen Kritik an Gottesbeweisen dennoch mit diesen zu beschäftigen, zeugt nicht von Ignoranz der vorgebrachten Gegenargumente, sondern vielmehr von dem Bemühen um eine auch heute noch mögliche *theologia rationalis.* Einer der drei Typen, den die spekulative bzw. reine Vernunft hervorgebracht hat und der besonders heftige Kritik erfahren hat, ist der kosmotheologische Beweis, der im folgenden Kapitel in ausgewählten Varianten entfaltet und diskutiert wird.

Zuvor sei jedoch noch ein allgemeiner Aspekt erwähnt, der für eine gegenwärtige Diskussion wichtig ist. Die lange Tradition der Gottesbeweise und die kritische Auseinandersetzung mit diesen hat gezeigt, dass Argumente *für* die Existenz Gottes weder zum Glauben führen, noch Argumente *gegen* die Existenz Gottes den Glauben an Gott zwangsläufig liquidieren.[7] Damit ist Wichtiges über die Wirksamkeit und Relevanz von rationalen Argumenten für oder gegen den Glauben an die Existenz Gottes ausgesagt. Darauf komme ich im Fazit noch einmal zu sprechen. Einigkeit besteht in der heutigen systematischen Theologie aber wohl über die Mindestfunktion solcher Argumente einer „nachträglichen Reflexion auf und Vergewisserung über den Glauben"[8]. Die Annahme, dass es Argumente für den Glauben an die Existenz Gottes gibt, beruht auf der Überzeugung, dass der Glaube an Gott *begründungsbedürftig und begründungsfähig* ist.[9] Die Erkenntnis, dass das Ergebnis solcher Beweisfüh-

---

[6] „Nicht alle Beweise sind Argumente und nicht alle Argumente sind Beweise" John Clayton, Art.: Gottesbeweise III. Systematisch-Religionsphilosophisch, in: Gerhard Müller u. a. (Hg.), TRE, Bd. 13: Gesellschaft/Gesellschaft und Christentum VI – Gottesbeweise, Berlin 1984, 740–784, hier: 740. Als Gottesbeweise versteht man klassischerweise entweder induktive oder deduktive Beweise.

[7] Vgl. mit Verweis auf L. Wittgenstein: Klaus von Stosch, Zur Marginalität der Gottesbeweise in der Theologie, in: Gasser/Jaskolla/Schärtl (Hg.), Handbuch für analytische Theologie, 189–203.

[8] Winfried Löffler, Argumente für Gottes Existenz und ihre Bedeutung für Theologie und Glaube, in: Gasser/Jaskolla/Schärtl (Hg.), Handbuch für analytische, 159–187, hier: 164

[9] Vgl. Löffler, Argumente für Gottes Existenz, 168.

rungen keine allgemein-gültige normative Gottesdefinition ist, verschiebt den Fokus solcher Unterfangen. Es wird eine andere Aufgabe in den Mittelpunkt gerückt und so der eigentliche und zu erwartende Ertrag sichtbar: Die Konturen desjenigen Gottesbegriffs der Tradition, in der der:die Beweisbringende steht, kann durch den Ausweis einer logischen Argumentation geschärft und auch für Anders- oder Nicht-Glaubende plausibel gemacht werden – auch ohne, dass diese gleich übernommen werden müssten.

Warum man auf die Argumente nicht gänzlich verzichten sollte, wollen wir in diesem Band diskutieren – und so soll hier nun also in kosmologische Argumentationen eingeführt werden. Neben der bereits angedeuteten Kritik an kosmologischen Argumenten gibt es die Ansicht, gerade diese „[a]ls systematisch vermutlich aussichtsreichste[n] Ansatz“[10] einzuschätzen. Insbesondere durch das Argument aus dem expandierenden Universum (siehe 2.1) erscheint ein Schöpfungshandeln Gottes für die als kontingent aufgefasste Existenz des Universums als plausibelste Erklärung.

2. *Spielarten kosmologischer Argumente für die Existenz Gottes*

Im Tableau der verschiedenen Argumente für und gegen die Vernünftigkeit religiöser Überzeugungen gehören die kosmologischen Argumente zu den metaphysisch-philosophischen Ansätzen. Sie alle gehen von der Existenz der Welt aus und schließen meist unter Hinzunahme des *Kausalprinzips* bzw. des *Satzes vom zureichenden Grund* auf die Existenz eines Gottes. Kosmologische Argumentationsweisen sind durch ihren empirischen Ausgangspunkt sowohl von einer ontologischen als auch von einer teleologischen Beweisform zu unterscheiden, obwohl sie bisweilen beide Formen auch mit in Anspruch nehmen. Bemerkenswerterweise tauchen unterschiedliche Varianten des kosmologischen Arguments nicht nur epochenübergreifend in der Antike, im Mittelalter sowie in der Neuzeit auf, sondern ebenso in den unterschiedlichsten Kulturen, Religionen und Traditionen

[10] Ders., Argumente für die Existenz Gottes: Struktur und Anliegen, in: Klaus Viertbauer/Georg Gasser (Hg.), Handbuch Analytische Religionsphilosophie, Berlin 2019, 91–109, hier: 93.

wie z. B. bei Aristoteles, Al-Ghazalí, Maimonides, Thomas von Aquin, Gottfried Wilhelm Leibniz.

Der Vielzahl kosmologischer Argumentationsweisen ist gemein, dass ausgehend von erfahrungsbasierten Beobachtungen, wie beispielsweise die der Bewegung, durch deduktive oder induktive Verfahren auf die Existenz einer Erstursache für den Kosmos geschlossen wird. Genau besehen funktionieren derartige Argumentationen in zwei Schritten: Zunächst handelt es sich um Argumente, „die die Existenz eines zureichenden Grundes bzw. einer ersten Ursache für die Existenz des Kosmos zu zeigen versuchen"[11]. Aus diesen heraus kann dann die Existenz Gottes aus Tatsachen wie Kausalität, Bewegung oder Kontingenz abgeleitet werden. Das bedeutet, dass eine Abhängigkeit des Universums von Gott als seiner Ursache angenommen wird. Kosmologische Argumentationen artikulieren sich z. B. im sogenannten *Kalam*-Argument, das ausgehend von der Unmöglichkeit einer unendlichen Vergangenheit auf einen Schöpfer schließt[12] oder in den ersten drei der insgesamt weitaus bekannteren fünf Wegen des Thomas von Aquin und in Leibniz' Prinzip vom zureichenden Grund[13] oder in Argumenten, die moderne kosmologische Erkenntnisse rezipieren.[14]

Bevor im Folgenden drei unterschiedliche Argumentationsformen präsentiert werden, werfen wir einen Blick auf weitere strukturelle Gemeinsamkeiten, die auch Grundlage der sich anschließenden kritischen Würdigung (3.) sein werden, in der sowohl die wichtigsten Einwände wie auch potentielle Erträge für die theologische Forschung und die Begründbarkeit des Glaubens an Gott beleuchtet werden.

---

[11] William L. Craig/James P. Moreland, Philosophical Foundations for a Christian Worldview, Downers Grove 2003, 465.

[12] Vgl. Craig, The Kalam Cosmological Argument, London – Basingstoke 1979. Das Argument entstammt der mittelalterlichen islamischen Scholastik. Craig bezieht sich auf den im 11. Jahrhundert lebenden persischen Universalgelehrten Al-Ghazalí.

[13] Vgl. Gottfried W. Leibniz, Essais de Theodicee, Premier Partie, in: Carl I. Gerhardt (Hg.), Die philosophischen Schriften von Gottfried Wilhelm Leibniz, Bd. VI, Berlin [1890] 1978, 102–161, hier: 106f. Ders.: Principes de la Nature et de la Grace, fondés en raison, in: Carl I. Gerhardt (Hg.), Die philosophischen Schriften von Gottfried Wilhelm Leibniz, Bd. VI, 598–606.

[14] Vgl. Winfried Löffler, Einführung in die Religionsphilosophie, Darmstadt 2019, 62–64.

Zu den Gemeinsamkeiten[15] gehört zu allererst (a) *die Frage nach der Ursache von allem.* Hier kommt das Kausalitätsprinzip zum Tragen. Interessanterweise werden hier bereits die physikalischen Erklärungsmodelle überstiegen und der Bereich der Spekulation betreten. Und so kann man mit dem weitverbreiteten Missverständnis aufräumen, dass es sich bei dieser Argumentationsweise um eine physikalische Beweisführung für die Existenz Gottes handle. Stattdessen werden Versuche unternommen, das physikalische Weltbild in einen größeren metaphysischen Rahmen einzubetten: *Was ist die Ursache von allem?*

Des Weiteren soll der *infinite Regress* (b) ausgeschlossen werden. Dies lässt sich besonders eindrücklich bei den ersten beiden der insgesamt fünf Wege des Thomas v. Aquin nachvollziehen: Dort geht er von den beobachtbaren Phänomenen der Bewegung bzw. der Ursache aus und nimmt zugleich in aristotelischer Manier an, dass alles, was sich bewegt, von einem anderen in Bewegung gesetzt wurde und jede Wirkung eine Ursache hat. So ergibt sich eine Kausalkette von Bewegern und Bewegten sowie von Ursachen und Wirkungen. Da diese Kette seiner Logik zufolge nicht unendlich fortgesetzt werden kann, wird notwendigerweise ein erster unbewegter Beweger wie auch eine erste Wirkursache angenommen, die Thomas bekanntermaßen mit Gott identifiziert.[16] Auch an diesem zweiten Prinzip wird deutlich, dass die innerweltlichen Kausalerklärungen notwendigerweise an ihr Ende kommen, wo es um Fragen oder besser gesagt Antwortmöglichkeiten für die Frage nach dem Ursprung des Universums geht.

Die wichtigste Voraussetzung, die kosmologische Argumentationsarten miteinander verbindet (und die auch beim ontologischen Argument in Anspruch genommen wird), ist das (c) *henologische Prinzip* (von griech.: hen = eins), also die Annahme, dass es nur einen einzigen Ursprung von allem geben kann. Auch wenn es plausibel ist, muss es als solches angezeigt werden.

Und auch die sich daran anschließende Schlussfolgerung, (d) es handle sich bei dieser ersten Ursache von allem um den *theistischen*

---

[15] Ich beziehe mich hier auf die von W. Löffler angeführten gemeinsamen Voraussetzungen kosmologischer Argumente in dessen *Einführung in die Religionsphilosophie.*

[16] Vgl. THOMAS V. AQUIN, Summa Theologiae I, q. 2, a. 3, corpus. In: DERS.: Die Gottesbeweise in der „Summe gegen die Heiden“ und der „Summe der Theologie“. Lateinisch – Deutsch (Philosophische Bibliothek Bd. 330), hg. v. Horst Seidl, Hamburg ^{3}1996, 50–59.

Gott, ist in Wirklichkeit ja keine Schlussfolgerung, sondern eine Prämisse. Am geläufigsten ist uns diese wohl in der Diktion des Thomas: „... und das nennen Alle Gott". Die Logik, die dahinter steckt ist diese: Die nähere Bestimmung der ersten Ursache erfolgt nicht mehr auf physikalischem Wege, da sie von ganz anderer Beschaffenheit ist, und es gibt gute Gründe, dass sie mit den Eigenschaften des theistischen Gottes übereinstimmt, wie zum Beispiel, Personsein, Allgüte oder Liebe etc. Thomas präsentiert hier einen „Identifikationsvorschlag"[17].

Das bekannteste gemeinsame Prinzip kosmologischer Argumente ist wohl das (e) *Prinzip vom zureichenden Grund*, demzufolge es für alles in dieser Welt inklusive aller Veränderungen (Thomas) wie auch aller Kontingenz (Leibniz) einen hinreichenden Grund ihres Daseins gibt, der nicht in ihnen selbst liegt. Man nennt dies auch das metaphysische Kausalprinzip, welches in der modernen Physik einerseits eine große Rolle spielt (beispielsweise in den Forschungen nach dem Grund für den Urknall), andererseits umstritten ist, da es auch Ereignisse ohne zureichenden Grund gibt, wie die Quantentheorie anzeigt, wenn sie sagt, dass „wir nicht wissen, ob Quantenvorgänge kausal determiniert sind, weil unser normaler physikalischer Kausalbegriff hier nicht anwendbar erscheint"[18]. An dieser Stelle ist die Versuchung groß, in die physikalische Wissenslücke zu springen und alternative, also theologische Erklärungsmodelle einzuführen. Dass dies nicht der intellektuell redliche Argumentationsweg sein kann, sollte klar sein. Für einen vermittelnden Umgang könnte man z. B. Robert Russell oder Nancey Murphy nennen, die ein Handeln Gottes auf der Ebene der indeterministischen Quantenprozesse ohne Verletzung der Naturgesetze für möglich erachten.[19] Dennoch folgen auch diese Argumentationen einer Lückenbüßer-Strategie. Zu nennen wäre auch John Polkinghorne, der solche Lücken in bestimmten nicht-linearen chaotischen Systemen ausmacht

---

[17] Löffler, Einführung in die Religionsphilosophie, 58.

[18] Ebd., 127.

[19] Nancey Murphy, Divine Action in the Natural Order: Buridan's Ass and Schrödinger's Cat, in: Robert J. Russell u. a. (Hg.), Chaos and Complexity: Scientific Perspectives on Divine Action (Vatican Observatory Publications) 1995, 325–357. Robert J. Russell, Quantum Physics in Philosophical and Theological Perspective, in: Ders. u. a. (Hg.), Physics, Philosophy and Theology (Vatican Observatory) 1988.

und diese Systeme somit als indeterministisch qualifiziert.[20] Auf das Problem der Kontingenz der Ereignisse werden wir zurückkommen.

Trotz der genannten Gemeinsamkeiten, kann man nicht von *dem* kosmologischen Argument sprechen, sondern muss in der Analyse genau unterscheiden. Ich konzentriere mich hier auf drei kosmologische Argumentationsformen, die allesamt deduktiv verfahren und hier in der gebotenen Kürze rekapituliert werden sollen:

2.1 Das Kalam-Argument – oder die Welt hat eine endliche Vergangenheit

Am weitesten verbreitet ist eine Aktualisierung des kosmologischen Arguments aus dem astrophysikalischen Standardmodell, wie es beispielsweise William L. Craig[21] präsentiert: In Kürze besagt es, dass das Universum, in dem wir leben, ca. 13,7 Milliarden Jahre alt ist und dass der Raum, den es umgibt, expandiert. Der Beginn der Geschichte des Universums und seiner Expansion liegt im sogenannten Urknall, der eine Anfangssingularität markiert. Die Ursache für die Existenz des Universums selbst kann keine physikalische Ursache sein, da nichts Physikalisches vor dem *Big Bang* existierte. Dies ist die Grundlage für Craigs Beweisführung:

1. Prämisse 1: Was einen zeitlichen Anfang hat, hat eine Ursache seiner Existenz.
2. Prämisse 2: Das Universum hat einen zeitlichen Anfang.
3. Folge aus 1 und 2: Also hat das Universum eine Ursache seiner Existenz.

Diese Ursache verortet Craig zudem außerhalb von Raum und Zeit, beschreibt sie als transzendent, immateriell, unveränderlich und selbst unverursacht. Er argumentiert weiter, dass diese auch persönlich sein muss, da sie als zeitlose Ursache nur aus ihrer Freiheit heraus, eine zeitliche Wirkung hervorrufen kann.[22]

---

[20] Vgl. John C. Polkinghorne, Science and Providence. God's Interaction with the World, London 1989, 78. Ders., The Metaphysics of Divine Action, in: Robert J. Russell u. a. (Hg.), Chaos and Complexity, 147–156. Ders., Belief in God in an Age of Science, Yale UP 1998.

[21] William L. Craig, The Cosmological Argument, in: Encyclopedia of Philosophy, ed. by Borchert, Donald M., New York 2006.

[22] Vgl. Ders., The Kalam Cosmological Argument, London [1979] 2000, 149.

Während Löffler dem kosmologischen Argument aus dem Standardmodell die größten Erfolgsaussichten zugesteht[23], erklärt A. Kreiner alle Argumente, die die Existenz Gottes aus dem Anfang des Universums abzuleiten versuchen, für gescheitert, da „die Urknalltheorie keinen Beweis für die Endlichkeit der Vergangenheit oder für einen physikalisch unerklärbaren Anfang von Allem – inklusive Quantenvakuum – liefert"[24]. Empirisch ist es noch nicht endgültig ausgemacht, ob der Urknall wirklich der Beginn von Allem gewesen sein muss, wie es beispielsweise die Stringtheorie darlegt, oder ob sich umgekehrt mit der Urknalltheorie eben auch ein Anfang aus dem physikalischen Nichts denken lässt.

Wie steht es im Unterschied zum Vorherigen heute um kosmologische Argumente, die von einem ewigen, anfangslosen Universum ausgehen? Die beiden nun vorgestellten Versionen, die die Unendlichkeit des Kosmos für möglich halten, fragen auch nach dessen Ursache: Warum gibt es dieses anfangslose Universum? Und sie folgen beide der Annahme, dass auch ein ewig existierendes Universum den Grund seiner Existenz nicht in sich selbst hat. Die Pointe besteht in beiden Argumentationsweisen darin, die Existenz eines notwendig Seienden *(ens necessarium)* als hinreichenden Grund für die Existenz *kontingenter* Zustände auszuweisen. Sie unterscheiden sich jedoch in der Inanspruchnahme des Kausalprinzips (Thomas) einerseits und des Satzes vom zureichenden Grund (Leibniz) andererseits.

2.2 Das Kausalprinzip bei Thomas von Aquin – oder alles, was existiert, hat eine Ursache

An dieser Stelle seien nur ausgewählte Argumente der insgesamt fünf Wege exemplarisch rekonstruiert, da die übrigen strukturell analog verfahren. Im Fokus steht dabei das metaphysische Kausalprinzip, das im „Zweiten Weg" unter dem Begriff der Wirkursächlichkeit *(causa efficiens)* in Anspruch genommen wird und auf Aris-

---

[23] Vgl. Winfried Löffler, Was müsste ein Argument für die Existenz Gottes eigentlich leisten? In: Ermenegildo Bidese u. a. (Hg.), Philosophische Gotteslehre heute: der Dialog der Religionen, Darmstadt 2008, 55–70.

[24] Vgl. Armin Kreiner, Glanz und Elend des kosmologischen Arguments, in: Thomas Buchheim u. a. (Hg.), Gottesbeweise als Herausforderung für die moderne Vernunft, (Collegium Metaphysicum 4), München ^{2}2017, 335–350, hier: 341.

toteles' Naturphilosophie zurückgeht. Ausgehend vom Prinzip vom ausgeschlossenen unendlichen Regress, geht Thomas davon aus, dass auch die Kette von Wirkursachen nicht ins Unendliche gehen können. Und so ist die logische Folge, dass es eine erste Wirkursache geben muss, die selbst nicht mehr durch etwas anderes bewirkt wird. Diese dann „Gott" zu nennen, ist für Thomas selbstverständlich.

Auch Thomas ist sich der Kontingenz der Dinge bewusst („Dritter Weg") und argumentiert: „Wenn alles die Möglichkeit hätte, auch nicht zu sein, dann wäre hinsichtlich der Dinge auch einmal nichts gewesen. Wenn dies aber wahr wäre, dann wäre auch jetzt nichts, weil das, was nicht ist, nur anfängt zu sein durch etwas, was ist."[25] Somit muss es etwas geben, das notwendig existiert.

Was für Thomas noch eine bestechende Logik hatte, wurde vielfach kritisiert und als Fehlschluss disqualifiziert.[26] Zwar existiert *jedes* Seiende kontingenterweise, aber daraus folgt nicht zwangsläufig, dass das für *alles* Seiende und zu jeder Zeit gelten muss, also die Annahme einer Zeit, in der nichts existierte. Es ist durchaus vorstellbar, dass es eine unendliche Reihe kontingenter Dinge gibt, ohne dass etwas ontologisch notwendig existieren muss. Dem Phänomen der Kontingenz widmet sich auch G. W. Leibniz, der mithilfe des Satzes vom zureichenden Grund einen anderen Argumentationsvorschlag macht.

2.3 *Das Kontingenzargument bei Gottfried W. Leibniz oder für alles, was existiert, gibt es einen Grund, warum es so und nicht anders existiert*

In *De rerum originatione radicali – Über den ersten Ursprung der Dinge* von 1697 geht Leibniz von der Beobachtung aus, dass es nicht nur in der Welt kontingente Tatsachen und Begründungsketten gibt, sondern dass die Welt als kontingente Tatsache selbst nach einem zureichenden Grund verlangt. So erfordert auch ein ewiges Universum einen transzendenten Grund seiner Existenz.[27] In der Monadologie

---

[25] Thomas v. Aquin, Summa theologiae I, q. 2, a.3.

[26] Vgl. Anthony Kenny, The Five Ways. St. Thomas Aquinas' Proofs of God's Existence, London 1969, 46–69.

[27] Vgl. Gottfried W. Leibniz, De rerum originatione radicali, in: Carl I. Gerhardt (Hg.), Die philosophischen Schriften von Gottfried Wilhelm Leibniz, Bd. VII, Berlin [1890] 1978, 302–308.

heißt es: „Der zureichende oder letzte Grund muss außerhalb des Zusammenhangs oder der Reihe der besonderen und zufälligen Dinge liegen, so sehr man diese auch ins Unendliche fortgesetzt denken mag."[28] Folglich fungiert auch hier das *ens necessarium* als Grund kontingenten Daseins. Von der Kontingenz der Existenz wird auf die Existenz Gottes geschlossen. Gott existiert *notwendigerweise.* Also kann die Welt nicht ohne Gott gedacht werden. Aber das bedeutet noch nicht, dass es die Welt notwendigerweise geben muss. Sie ist kontingent. Ein Notwendiges (Gott) wird von allem anderen (Welt) impliziert, aber nicht umgekehrt. Sonst gäbe es keine Kontingenz der Welt, weil ja sonst alles aus dem Wesen Gottes ableitbar wäre.[29] Gott ist nur hinreichender Grund für die Welt. Im Gegensatz zur thomasischen Logik fungiert der Leibniz'sche Gott nicht als erstes Glied eines Ursachenzusammenhangs, sondern jede Tatsache bedarf eines zureichenden Grundes (auch wenn dieser nicht bekannt ist).[30]

Warum aber nun jenes *ens necessarium* das ist, was wir Gott nennen, ist nicht zwingend gegeben. Dieser Beweisschritt fehlt. Hier müsste gegebenenfalls der ontologische Gottesbeweis hinzugenommen werden, der die Vollkommenheit jenes Wesens auszuweisen versucht. Vielleicht ist eine entsprechende Begründung aber auch gar nicht im Modus der Beweisführung zu geben.

Mit dieser kleinen Skizze deduktiv verfahrender kosmologischer Argumente sind die Stärken und Schwächen bereits angedeutet. Sie werden im anschließenden Kapitel (3.) noch detaillierter entfaltet. Zuvor lohnt sich aber auch noch ein kurzer Blick auf induktiv verfahrende Argumente für die Existenz Gottes. Diese wollen aufzeigen, dass die theistische Sichtweise auf die Welt (insbesondere im Vergleich zur naturalistischen) die logisch wahrscheinlichere ist.

---

[28] Ders., Monadologie, in: Carl I. Gerhardt (Hg.), Die philosophischen Schriften von Gottfried Wilhelm Leibniz, Bd. VI, Berlin [1885] 1978, § 37, 607–623, hier: 613.

[29] Vgl. Franz von Kutschera, Vernunft und Glaube, Berlin – New York 1990, 29f.

[30] Vgl. Leibniz, Monadologie, § 32, 612.

2.4 Induktive kosmologische Argumente

Einer der prominentesten Vertreter induktiv verfahrender kosmologischer Argumentationsweisen ist Richard Swinburne. Er führt einzelne der bisher angeführten Argumente zu einer Kumulativargumentation für die Existenz Gottes zusammen. Sie erfordern also keinen logischen Zwang mehr, wie es beispielsweise noch bei Thomas (metaphysisches Kausalprinzip) und Leibniz (Satz vom zureichenden Grund) der Fall war, sondern gewinnen durch die Verbindung empirischer Argumente untereinander an Überzeugungskraft. Hiernach erscheint die Annahme der Existenz Gottes wahrscheinlicher, als die Nicht-Existenz. Diese Argumentationsform geht auf Kosten der zwingenden Beweiskraft und funktioniert zugunsten eines bleibenden Glaubensaktes.

Auch Holm Tetens stützt seinen Entwurf einer rationalen Theologie auf induktive, man kann auch sagen wahrscheinlichkeitstheoretische, Argumentationsweisen.[31] Im Anschluss an Kutschera erklärt er alle deduktiven Gottesbeweise für gescheitert.[32]

Sein Ansatz ist schon deswegen bemerkenswert, da er – so meine These hier – wichtige Stellen markiert, die für die Auseinandersetzung mit Gottesbeweisen im Rahmen einer rationalen Theologie, unbedingt zu diskutieren sind. Auch wenn (oder gerade weil) er keine Beweisführung im klassischen Sinne anführt, so liefert er starke Argumente dafür, dass wir als endliche Ich-Subjekte logisch und begrifflich widerspruchsfrei Gott als möglichen Urgrund des Seins denken können.[33]

Im argumentativen Streit mit dem Naturalismus stärkt er auch kosmologische Argumente für einen Gott der rationalen Theologie. Damit wirkt er zugleich einem Gottesbild entgegen, demzufolge Gott nur der explanatorische Lückenbüßer sein soll für die Zusammenhänge, die noch nicht auf naturwissenschaftlichem bzw. naturalistischem Wege erklärt werden können. Tetens weist zurecht darauf hin, dass auf den methodischen Naturalismus nicht der metaphysische Naturalismus folgen muss und dass die theistische Über-

---

[31] Holm Tetens, Gott denken. Ein Versuch über rationale Theologie, (Was bedeutet das alles?) Stuttgart 2015, 54, Fn 24.

[32] Kutschera, Vernunft und Glaube, 16–42.

[33] Vgl. Tetens, Gott denken, 35ff.

zeugung von einem Schöpfergott nicht nur eine „logisch-begrifflich widerspruchsfreie Möglichkeit"[34] ist, sondern darüber hinaus „mit Blick auf das Verhältnis des Geistigen zum Materiellen und angesichts der faktischen empirischen Resultate eine stärkere Möglichkeit dar[-stellt] als die naturalistische Kernthese"[35]. Tetens gelingt es zudem von der Forderung Abstand zu nehmen, alles naturgesetzlich zu erklären bis auf einige Rand- und Anfangsbedingungen und die basalen Naturgesetze, die wiederum direkt durch Gott geschaffen sein sollen.[36] Denn diese Einschränkung des methodischen Naturalismus ist wenig überzeugend. Hier bestätigt sich vielmehr Dietrich Bonhoeffers Diagnose von der vorläufigen „Arbeitshypothese Gott"[37], die wir früher oder später fallen lassen müssen.

Die Welt mit den Mitteln der Naturwissenschaften erfassen, heißt aus Beobachtungen und Begriffen Theorien und Naturgesetze zu formulieren (z. B. Quantenphysik), die korrekturbedürftig bleiben. Die eigentliche Grenze des methodischen Naturalismus liegt dort, wo er über sich selbst (naturalistisch) reflektieren möchte. Kosmologische Gottesbeweise setzen bei der Welt, dem Kosmos an. Tetens stellt die bleibende Stärke kosmologischer Ansätze heraus, indem er die theistische Perspektive als eine plausible und widerspruchsfreie Option argumentativ vertreten kann. Die gemeinsame materielle Erfahrungswelt musste sich so entwickeln, dass Menschen diese materielle Welt so erfassen, dass sie darin als materiell verkörperte geistige Wesen frei erkennen, interpretieren und handeln können. Dieser besondere Status unseres Erfahrungswissen von der Welt (auf das sich kosmologische Argumentationen stützen) lässt sich theistisch widerspruchsfrei einholen: Durch die Begegnung mit anderen Ich-Subjekten wissen wir nicht nur um unsere Endlichkeit, sondern können auch ein unendliches Ich-Subjekt denken, das auch Gott genannt werden kann und uns als endliche, aber freie selbstreflexive Ich-Subjekte schafft.[38] Somit ist „der

[34] Ebd., 51.

[35] Ebd., 54.

[36] Tetens grenzt sich hier scharf von U. Meixner ab.

[37] Dietrich Bonhoeffer, Brief an Eberhard Bethge vom 16.7.44, in: Eberhard Bethge u. a. (Hg.), Dietrich Bonhoeffer Werke, Bd. 8: Widerstand und Ergebung, Briefe und Aufzeichnungen aus der Haft, Gütersloh 1998, 526–535, hier: 534.

[38] Vgl. Tetens, Gott denken, 30–33.

Gedanke eines unendlichen Ich-Subjekts immerhin logisch-begrifflich widerspruchsfrei."[39]

Gerade in einer Schöpfungslehre lässt sich die besondere Erkenntnissituation des Menschen in Bezug auf die materielle Welt nachvollziehen. Selbstverständlich steht und fällt die hier präsentierte theistische Perspektive mit der Annahme, dass Gott uns als freie, vernunftfähige, selbstverantwortliche und selbstbestimmte Subjekte will. Tetens strebt dabei keinen Beweis dieser These an, sondern will diese Perspektive gegenüber der naturalistischen induktiv stärken. Der Theismus ist dort überzeugender, wo er konsistente Erkenntnisse der Naturwissenschaften *integriert* und zugleich über diese hinaus plausibel machen kann, warum die naturalistische Sicht dort selbstwidersprüchlich ist, wo dieser die Existenz vernunftbegabter, erkenntnisfähiger Subjekte leugnet. Eine solche Argumentation liefert zugleich wichtige Einsichten in wissenschaftstheoretische und epistemologische Vorannahmen und Reflexionen, wie sie Philosophie und Theologie stets mit zu bedenken haben, sofern sie eine rationale Theologie für möglich halten.

Was beweisen nun kosmologische Argumente, sofern sie überhaupt etwas beweisen? Bei allen geht es am Ende um eine vernünftige letzte Ursache der Welt, das *ens necessarium*. Doch nicht bei allen steht die Problematik der unendlichen Kette von Ursachen im Fokus. Angesichts dieser Unterschiede bleibt die Frage, ob induktive wie deduktive Formen des kosmologischen Arguments überzeugend sind. Kann es keine unendliche Ursachenkette geben und muss alles was geschieht, dieselbe Erstursache haben?

3. *Kritische Würdigung*

Als Autor:innen dieses Buches haben wir uns auf eine aktualisierende und somit kritisch-würdigende Lesart der vorgelegten Argumente für den Glauben an die Existenz Gottes verständigt, ohne damit eine ‚Rettung' der jeweiligen Beweisführungen in unseren Debatten zu intendieren. Die sich nun anschließende kritische Würdigung gliedert sich in folgende Abschnitte: Zunächst wird die wirkmächtige Kritik von David Hume und Immanuel Kant (3.1) rekonstruiert,

[39] Ebd., 34.

welche für manche das Ende der Beweiskraft kosmologischer Argumente bedeutet. Darüber hinaus wird diese in großen Teilen berechtigte Kritik ergänzt. Dies geschieht jedoch auf einer Meta-Ebene, auf der das kritische Moment im Gottesbegriff selbst verortet wird (3.2) und gleichzeitig ein Ausloten der Chancen und Grenzen kosmologischer Argumente für Gottes Wirklichkeit hinsichtlich ihrer integrativen und religionskritischen Kraft erfolgt.

3.1 Klassische Kritik an kosmologischen Argumenten

Humes Kritik bezieht sich auf das oben erläuterte metaphysische Kausalitätsprinzip. Die Problematik dieses Prinzips ist bereits im Namen angekündigt, denn es ist nicht ausgemacht, ob wir Kausalitätsprinzipien aus Beobachtungen ableiten oder sie in unsere Wahrnehmung hineininterpretieren. Für Hume ist Kausalität nur eine (wiederum naturalistisch zu begründende) Assoziation. Dementsprechend ist auch die Annahme eines Kausalitätsprinzips nicht physikalisch, sondern metaphysisch und somit unhaltbar.

Auch Kants Kritik moniert die argumentative Begrenztheit des Kausalprinzips im Zusammenhang mit Reflexionen über den Anfang der Welt und die Ursache aller Existenz. Kosmologische Argumentationsformen fasst Kant unter den sogenannten Kontingenzbeweis. Sie setzen bei „der bestimmten Erfahrung und der dadurch erkannten besonderen Beschaffenheit unserer Sinnenwelt an, und steigen von ihr nach Gesetzen der Kausalität bis hin zur höchsten Ursache außer der Welt hinauf“ (B 618, A 590). Aus der Kontingenz der Welt wird auf ein notwendiges Wesen (ens neccessarium) als erste Ursache der Existenz der Welt geschlossen. Kant kritisiert, dass eben jenes in Anspruch genommene Kausalitätsprinzip gerade nicht auf eine transzendente Wirklichkeit angewendet werden kann, da Gott kein Gegenstand der Sinneserkenntnis ist. Es ist also unmöglich, Kausalbeziehungen zwischen der uns zugänglichen Welt der Erscheinungen und einer transzendenten Wirklichkeit herzustellen (Vgl. B 649f., A 621f.). Kurzum: Wir haben von Gott weder einen empirisch bestätigten Begriff noch die Möglichkeit eines Schlusses, der seine Existenz beweisen könnte. Aus einer Denknotwendigkeit folgt für Kant noch keine Seinsnotwendigkeit, sondern höchstens „[…] ein *regulatives Prinzip* der Vernunft, alle Verbindungen in der Welt so anzusehen, *als ob* sie aus einer allgenügsamen notwendigen Ursache entspränge, um darauf die Regel einer systematischen und nach allgemeinen Gesetzen notwendigen Einheit in der Erklärung derselben zu gründen, und ist nicht die Behauptung einer an sich notwendigen Existenz“[40].

Mit der Kritik von Hume und Kant hat sich v. a. R. Swinburne auseinandergesetzt und daran anknüpfend ein eigenes Modell entwickelt. Er hält somit an der Möglichkeit der natürlichen Theologie, die von der Welt auf die Existenz Gottes schließt, fest und positioniert sich auf diese Weise gegen die erkenntniskritischen Argumente Humes und Kants. Ob aber probabilistische Versionen des kosmologischen Arguments besser dastehen, als die klassisch-deduktiven Versionen ist nicht endgültig entschieden.[41] Liefert eine erhöhte Wahrscheinlichkeit der Gotteshypothese Erklärungen für innerweltliche Strukturen? Attraktiv erscheinen solche Argumente allenfalls durch den Verzicht auf logischen Zwang zugunsten guter Gründe, die man für seinen Glauben in Anspruch nehmen kann.

A. Kreiner zufolge schlägt das kosmologische Argument sowohl in der Kalam-Version (2.1) als auch in der Form, wie sie Thomas von Aquin oder G. W. Leibniz hervorbringen (2.3), fehl. In der ersten Version scheitert es an der Nicht-Beweisbarkeit des Weltenanfangs. Die zweite Version geht zwar von einem anfangslos existierenden Universum aus, beansprucht jedoch für die Existenz dieses kontingenten Universums einen transzendenten Grund, welches es in einem externen und notwendig existierenden Wesen zu finden meint. Dahinter steht also die Annahme, dass auch ein unendlicher Begründungszusammenhang immer eines letzten, externen Grundes bedarf. Insgesamt erteilt Kreiner sowohl induktiven wie auch deduktiven kosmologischen Argumenten eine Absage mit der Erklärung, dass sie in der Gefahr stünden, „sich einer Illusion hinzugeben, die diskurstheoretisch bedenklich, rationalitätstheoretisch unfundiert, moralisch hochnäsig und theologisch völlig überflüssig ist. Wie jede Illusion hat sie noch dazu den Schönheitsfehler, der Erfahrung auf Dauer nicht standhalten zu können.“[42] Kreiner hat bei dieser vernichtenden

---

[40] Immanuel Kant, KrV, AA 03: 412.36–413.04; A619/B647.

[41] Vgl. Svend Andersen, Der kosmologische Gottesbeweis, in: Buchheim u. a. (Hg.), Gottesbeweise als Herausforderung für die moderne Vernunft, 351–366. Richard Swinburne, Why Hume and Kant were mistaken in rejecting natural theology, in: Buchheim u. a. (Hg.), Gottesbeweise als Herausforderung für die moderne Vernunft, 318–333.

[42] Kreiner, Glanz und Elend des kosmologischen Arguments, 350.

Kritik der Gottesbeweise vor allem den Dialog mit Atheist:innen im Blick, der durch einen übertriebenen Anspruch der Beweisbarkeit und der Immunisierung gegenüber Einwänden behindert wird. Abgesehen von der Stringenz der verschiedenen Argumentationsweisen steht hier der Sinn und Zweck von Gottesbeweisen als probates Mittel der argumentativen Auseinandersetzung zur Disposition.

3.2 Das kritische Moment im Gottesbegriff

Jenseits der ‚klassischen' Kritik formuliert Axel Hutter eine interne Kritik an der Kritik.[43] Das entscheidende Kriterium ist für Hutter dasjenige, ob im Gottesbegriff selbst ein kritisches Moment zu finden sei und ob entsprechende Gottesbeweise diesem kritischen Sinn gerecht werden. Schließlich kommt er zu dem Schluss, dass die Form des Beweises Gott als solche unangemessen ist und eine grundsätzliche Kritik an Gottesbeweisen berechtigt ist, aber keine Verabschiedung, sondern eine kritische Transformation des Gottesbegriffs verlangt. Mit Blick auf kosmologische Argumente wären diese also da zu verabschieden, wo sie nur ein notwendiges Sein etablieren und somit Gottes Selbstsein, das Hutter als radikale Freiheit verstanden wissen will, widersprechen. Relevanz behielten diese Argumente jedoch, wo sie nach dem Sinn des Daseins fragen und an dem durch sie gewonnenen Gottesbegriff auch das vernunftkritische Potential abzulesen bleibt.[44]

Diese Forderung führt mich zu der These, dass Gottesbeweise – hier in der kosmologischen Variante – bleibend relevant sein können, wenn sie v. a. zwei Funktionen erfüllen: Nämlich dort, wo sie einerseits ihr *integratives* und andererseits ihr *religionskritisches* Potential entfalten. Ihre argumentative Kraft läge dann nicht mehr in einer apologetischen oder missionarischen Absicht, sondern in ihrem jeweiligen Beitrag zur Aufklärung und Diskursivität der Glaubensüberzeugungen. Diese soll nun mit Blick auf kosmologische Argumente untersucht werden.

---

[43] Ich beziehe mich im Folgenden lediglich auf den Aspekt der zwei Kritikformen und nicht auf die sich bei Hutter daran anschließende Wittgenstein- und Schelling-Interpretation, wenngleich der Gedanke der Geschichte als offener fortgesetzter Gottesbeweis diskussionswürdig erscheint. Vgl. Axel Hutter, Der kritische Sinn des Gottesbegriffs, in: Glanz und Elend des kosmologischen Arguments, 149–177.

[44] Vgl. Ebd., 150.

3.3 *Zur integrativen und religionskritischen Kraft kosmologischer Argumente – Perspektiven für die Plausibilisierung der Existenz Gottes*

W. Löffler formuliert insgesamt fünf ‚Anforderungen' an philosophische Argumente für die Existenz Gottes. Seine Analyse kommt zu dem Ergebnis, „dass am ehesten gewisse Varianten von Kontingenzargumenten Aussicht auf Akzeptanz haben könnten."[45] Diese Anforderungen sollen hier einmal speziell auf kosmologische Argumente angewendet werden und zudem mit Blick auf meine These überprüft und zugespitzt werden.

Das, was häufig als Stärke der kosmologischen Argumentationsweisen betont wird, ist ihr *empirischer Ausgangspunkt (1.)*. Entscheidend ist dabei jedoch, dass die zugrunde gelegte Erfahrung möglichst konsensual und nachvollziehbar ist. Der Ausgang von den Eigenschaften der Welt, statt von religiösen Überzeugungen, ist anschlussfähig und objektiv nachvollziehbar. Die Beobachtung der Bewegung, der Kontingenz oder des expandierenden Universums sind probate Ausgangspunkte für eine solche Argumentation, da sie eine gemeinsame Basis schaffen und so den interkulturellen und interdisziplinären Diskurs eröffnen können. Der Gottesbeweis a posteriori geht bei Leibniz von der empirischen Prämisse der Tatsachenwahrheit eines kontingenten Weltverlaufs aus. Bei Thomas ist es die Bewegung in der Welt. Beide forschen nach dem Ursprung, der selbst eine erste (selbstreflexive, d. h. sich selbst begründende) Ursache ist. Den interessantesten Unterschied zwischen Thomas und Leibniz sehe ich darin, dass Leibniz den zureichenden Grund aller Dinge außerhalb von Raum und Zeit zu suchen scheint, während Thomas den ersten unbewegten Beweger aus innerweltlichen Abläufen und Zusammenhängen zu finden meint, indem er eine notwendig existierende Substanz annimmt.

Die zweite Anforderung nimmt Bezug auf den *weltanschaulichen Rahmen*, in dem sich unsere Überzeugungen ausbilden und – das ist die integrative Pointe – die umfassender sein kann, als einzelne wissenschaftliche Theorien (2.). Die Integrationsleistung besteht darin, unterschiedliche Wirklichkeitszugänge miteinander zu verbinden.[46]

---

[45] Löffler, Was müsste ein Argument für die Existenz Gottes eigentlich leisten?, 58.

[46] Vgl. Ders., Integrative Erklärungen. Konvergierende Tendenzen zwischen Metaphysik und Wissenschaftstheorie?, in: Ders., Metaphysische Integration: Essays

Sie sind auch der Grund für die begrenzte Überzeugungskraft von Gottesbeweisen, da diese immer auch in den weltanschaulichen Rahmen eingebettet werden müssen. Das religionskritische Moment blitzt dort auf, wo beispielsweise der „Lückenbüßer-Gott" unplausibel wird, weil er mehr sein muss, als eine vorläufige Erklärung einer Wissenslücke. Ein konsistenter Gottesbegriff erfüllte in seiner Form als Grenzbegriff eine integrative Funktion, sofern durch ihn das naturwissenschaftliche, metaphysische und moralische Weltbild zusammengehalten werden könnte und so gerade nicht weltbildunabhängig argumentiert werde.[47] Das Intelligent-Design-Argument erfüllt diese Anforderung hingegen nicht. Und zwar nicht wegen der Annahme eines intelligenten Urhebers, sondern die Art und Weise des Umgangs mit physikalischen und biologischen Erkenntnissen zeigt, wie Erklärungslücken zu schließen versucht werden.

Die vielleicht prominenteste Anforderung an plausible kosmologische Argumente für die Existenz Gottes ist die *Vermeidung eines unendlichen Erklärungsregresses (3.)*. Dieser Anforderung wollen und müssen kosmologische Argumentationsformen in besonderer Weise Rechnung tragen. Ob nun der Ausschluss des infiniten Regresses zwingend notwendig ist, kann hier nicht abschließend entschieden werden. Für den dadurch gewonnen Gottesbegriff ist jedoch wichtig, dass auch hier sein Grenzcharakter erhalten bleibt und dieser die innerweltlichen Kausalitäten übersteigt. Das artikulieren kosmologische Argumente par excellence, wenn sie Gott als Ursache, die selbst nicht mehr verursacht wird, oder als unbewegten Beweger aller Bewegung charakterisieren. Zudem darf diese Ursache nicht bloß eine gesteigerte Form innerweltlicher Attribute sein, um nicht dem Projektionsverdacht anheimzufallen oder in die Anthropomorphismus-Falle zu tappen.

Damit ist die vierte Anforderung, die *Klärung der Eigenschaften Gottes,* ins Spiel gebracht (4.). Von diesen war bisher nur ansatzweise die Rede, doch sind sie für die Bewertung von Argumenten für Gottes Existenz von großer Bedeutung. „Wenn Gott wirklich als der

---

zur Philosophie von Otto Muck, Berlin – Boston 2013, 91–111. Löffler entfaltet seine Reflexionen in Anschluss an O. Muck.

[47] Vgl. Klaus von Stosch, Zur Marginalität der Gottesbeweise in der Theologie, in: Gasser/Jaskolla/Schärtl (Hg.), Handbuch für analytische Theologie, 189–203.

letzte erklärende Grund für die Welt und bestimmte Gegebenheiten in ihr fungieren soll, dann darf er nicht mehr die Eigenschaften dieser Gegebenheiten haben. Sonst wäre Gott eher als ein Dämon, ein Gespenst oder eine mythologische Göttergestalt zu verstehen, also ein Teil der Welt, der selbst noch erklärungsbedürftig ist."[48] Hier rückt die – wiederum durch religionskritische Anfragen notwendig gewordene – Reflexion der Gottesrede in den Fokus der Betrachtung. Auch mit *kosmologischen* Argumenten für Gottes Existenz wird ein Beitrag zur Klärung einer philosophisch-theologisch verantwortbaren Rede von Gott zu leisten versucht und er wird genau daran zu messen sein. Mit Blick auf Thomas könnte man sagen, dass er eben dies auf seinen ‚Fünf Wegen' tut. Gott wird durch die Attribute „erster, unbewegter Beweger" oder „notwendiger Grund allen kontingenten Seins" näher charakterisiert. Seinem ‚Identifikationsvorschlag' muss man nicht gezwungenermaßen zustimmen, aber es ist ein Integrationsangebot. Über die Eigenschaften als solche muss hingegen weiterhin kräftig gestritten werden. Denn es besteht gerade in Bezug auf die kosmologischen Argumente Gefahr, dass man ihnen in ihrer klassischen Form weder ihre naturwissenschaftliche noch ihre theologische Kompetenz abkauft. Sie sind ein eigenartiges Zwitterphänomen, das keiner der beiden Disziplinen zu genügen scheint. Dieser wissenschaftstheoretische und epistemologische Mangel drückt aber auch eine Erkenntnis aus: Will man sich weder nur mit der einen noch mit der anderen Disziplin zufrieden geben und stattdessen eine Glaubenserfahrung auch mit den Mitteln der Vernunft nachvollziehen bzw. diese nicht in einem logischen Widerspruch zu naturwissenschaftlichen Erkenntnissen stehen lassen, so muss Kohärenz möglich sein.

Dieser Anspruch führt in der Theologie immer wieder zu großen Transformationsschüben des Gottesbegriffs, wie es beispielsweise in panpsychistischen[49] und panentheistischen[50], aber auch in prozess-

---

[48] Löffler, Einführung in die Religionsphilosophie, 160f.

[49] Vgl. etwa Philip Goff, Hat sich das Universum selbst entworfen? in: Benedikt P. Göcke/Klaus Müller/Fana Schiefen (Hgg.): Welt – Geist – Gott. Erkundungen zu Panpsychismus und Panentheismus (STEP 18), Münster 2020, 77–113.

[50] Vgl. Klaus Müller, Gott jenseits von Gott. Plädoyer für einen kritischen Panentheismus, hg. v. Fana Schiefen, Münster 2021.

theologischen[51] oder ökotheologischen Ansätzen[52] zu beobachten ist. Sie alle öffnen neue Perspektiven auf die Fragen und Probleme der Verhältnisbestimmung von Geist und Materie, von Gott und Welt, von Absolutem und Endlichem und müssen im Einzelnen untersucht und diskutiert werden.

Doch selbst diese Gottesbildtransformationen ringen mit der (5.) *Forderung an ein plausibles Argument für Gottes Existenz*: dem Nachweis der Existenz eines einzigen Gottes. Diese Forderung kann das kosmologische Argument bei Thomas (v. a. im fünften Weg) nicht erfüllen. Der Vorwurf des Kategorienfehlers ist zu Recht gemacht worden, denn aus „für alles gibt es eine erste Ursache" folgt nicht zwangsläufig „es gibt eine erste Ursache für alles". Dies scheint die argumentative Stärke des *Kalam*-Arguments zu sein, das ja den Beginn des Universums auf eine außerweltliche Ursache zurückzuführen versucht. Abgesehen von dem logischen Fehler bei Thomas stellt sich die Frage, wie das Verhältnis der Welt bzw. des Menschen zu dieser ersten Ursache bzw. Gott näher hin zu beschreiben ist. Dies tangiert Fragen nach dem Schöpfungsbegriff, dem Handeln Gottes in der Welt und der Hoffnung auf Erlösung.

All diese Anschlussfragen kehren unter der letzten Anforderung an Gottesbeweise, der (6.) *logischen Schlüssigkeit* wieder. Mögliche Antwortversuche *können* sich dann freier Zustimmung erfreuen, wenn sie einer nachvollziehbaren Logik folgen. Doch die logische Schlüssigkeit allein – und auch der Nachweis einer größeren Wahrscheinlichkeit (Swinburne) – muss nicht zur Überzeugung und Übernahme der geschlussfolgerten Antwort führen.

Diese nur auf den ersten Blick scheinbare Schwäche des Arguments ist eine der Stärken kosmologischer Argumente, da sie ja gerade keine weltbildunabhängigen, aus reinen Begriffen abgeleiteten, sondern aus der Erfahrung und Beobachtungen heraus gewonnenen Begründungsversuche sind, indem sie die Welt bzw. den Kosmos in ihre Reflexionen über Gottes Dasein miteinbeziehen. So steht die Reflexion des Gott-Welt-Verhältnisses bei kosmologischen Plausibilisie-

---

[51] Vgl. Alfred N. Whitehead, Process and Reality, New York 1929. Charles Hartshorne, The Divine Relativity. A Social Conception of God, New Haven 1967.

[52] Vgl. z. B.: Jürgen Moltmann, Gott in der Schöpfung: ökologische Schöpfungslehre, München 1985 oder Catherine Keller, Über das Geheimnis. Gott erkennen im Werden der Welt. Eine Prozesstheologie, Freiburg i. Br. 2013.

rungsversuchen im Zentrum. Sie stellen uns vor die große Herausforderung, Gottes Wirklichkeit so zu denken, dass er weder vollkommen losgelöst von dieser Welt sein kann, noch auf eine simple Erklärung eines noch nicht gelösten Zusammenhangs reduziert werden darf. Die Frage nach seiner Existenz hängt unmittelbar mit der Frage nach der Welt zusammen.[53] Kosmologische Argumente zeigen den Zusammenhang zwischen Gott und den anderen Bestandteilen der Welt auf[54] und können auf diese Weise die anthropozentrische Perspektive weiten. Dass dies nicht zwangsläufig zu einer letztbegründeten Einsicht in höchste Prinzipien des Seins oder einer Rückkehr in vormoderne Metaphysik führen muss, zeigt z. B. der prozessphilosophische Ansatz von A. N. Whitehead: In seiner Weiterentwicklung der metaphysischen Gesamtinterpretation der Wirklichkeit ist Gott „präsent als derjenige, der den Kosmos aus dem Chaos in die naturgesetzliche Ordnung führt und als derjenige, der *jede* [Herv. F.S.] Entität in ihrem geistigen Pol finalursächlich ‚lockt'."[55]

Abgesehen von der persönlichen Ebene jedes Einzelnen ist es für die Theologie als Wissenschaft von existentieller Bedeutung, Glaube und Vernunft in ihrem spannungsreichen Verhältnis zusammenzuhalten. So steht und fällt das Einlösen dieser Anforderung ebenfalls mit ihrer Integrationsleistung. Ihre Beiträge zu philosophischen und theologischen Reflexionen geben Auskunft über das Welt- und Gottesbild und können theologische Glaubensschätze wie beispielsweise das Theorem der Schöpfung revidieren. Besonders im Kontext der kosmologischen Argumente wird deutlich, dass Theologie nicht erst beginnt, nachdem rational geklärt worden ist, dass Gott existiert – im Sinne einer *praeambula fidei* –, sondern dass in diesen Reflexionen immer schon Vorstellungen von Gottes Eigenschaften mitspielen und mitreflektiert werden müssen. In der Logik der ‚klassischen' Gottesbeweise hieße das, ein gegenstandsähnlich und kontingent gedachter

[53] Samuelson, Norbert and Clayton, John. „Gottesbeweise: „. *Theologische Realenzyklopädie Online: Gesellschaft/Gesellschaft und Christentum V – Gottesbeweise.* Berlin, New York: De Gruyter, 2010. https://www.degruyter.com/document/database/TRE/entry/tre.13_708_13/html. Accessed 2021-08-24.

[54] Winfried Löffler, Die Existenz Gottes, in: Markus Schrenk (Hg.), Handbuch Metaphysik, Stuttgart 2017, 208–215, hier: 209.

[55] Godehard Brüntrup, Das Prozessparadigma, in: Klaus Viertbauer u. a. (Hg.), Handbuch Analytische Religionsphilosophie. Akteure – Diskurse – Perspektiven, Berlin 2019, 295–307.

göttlicher Grund kann nicht der letzte Grund sein. Wie beispielweise die Aussage über Gottes Schöpfungshandeln als *creatio ex nihilo* – geschaffen aus dem Nichts – vermittelt werden kann mit der *creatio continua* – dauerhaft von Gott im Sein gehalten – im Gespräch mit naturwissenschaftlichen Erkenntnissen, die auch wiederum auf (metaphysischen) Prämissen beruhen, rational verantwortet werden kann, hängt auch von der Kraft kosmologischer Argumente ab. Diese sind jedoch weder rein empirisch noch rein metaphysisch, sondern haben vermittelnde Funktion. Denn sie wollen gar nicht mehr nur physikalische Zusammenhänge erklären, sondern vielmehr der sinnsuchenden Vernunft und deren innerer Verwiesenheit auf diese Fragen Ausdruck verleihen. Antwortmöglichkeiten sind heute nicht mehr substanzontologisch zu formulieren, sondern müssen die Dynamik und Offenheit der Beziehung, des Ausgesetztseins und der Gefährdung Rechnung tragen. Dies beanspruchen prozesstheologisch argumentierende Metaphysiken in besonderer Weise für sich, indem sie den Prozesscharakter und die wechselseitige Beziehung von Gott und Welt betonen. Solche Ansätze scheinen für diese Fragestellung äußerst produktiv und anschlussfähig zu sein. Sie müssen nur der Gefahr entgehen, die Geschichte als ontologisierte Daseinsstruktur gegen die konkrete Geschichte auszuspielen.[56] Gelingt es jedoch, Spuren der Existenz Gottes im Raum der Mit-Geschöpflichkeit zu finden, kann einerseits die Frage nach dem Grund und Sinn der Existenz schlechthin aufgeworfen werden, andererseits der Bezug zu einem Schöpfer ermöglicht und plausibiliert werden.[57]

4. Fazit

Wie also können kosmologische Argumente die Existenz Gottes plausibilisieren? Welche Funktion kommt Gottesbeweisen noch zu? Gibt es einen Ausweg aus der unglücklichen Alternative: „entweder sie beweisen etwas, dann ist das Bewiesene keinesfalls Gott, oder sie

---

[56] Vgl. Philipp Stoellger, Glaube als Geschichte. Vom Nutzen und Vorteil der Historie für den Glauben, in: Zeitschrift Evangelische Theologie, 69/3, 2009, 209–224, hier: 212.

[57] Vgl. Jörg Splett, Gotteserfahrung im Denken. Zur philosophischen Rechtfertigung des Redens von Gott, Freiburg – München ^{4}1995, 61–88.

beweisen nichts – dann muss man sich erst recht nicht um sie kümmern."[58]

Der Gang durch die Vielfalt und Reichweite kosmologischer Argumente will gezeigt haben, dass die Hauptfunktion heute nicht mehr darin bestehen kann, die alles erklärende Weltformel zu finden bzw. die Suche nach ihr durch eine frühzeitige Setzung zu beenden. Die Tatsache, dass sie immer noch einen gewissen Reiz besitzen, kann mit der bleibenden Herausforderung verbunden sein, die Notwendigkeit oder gerade die Nicht-Notwendigkeit (Kontingenz) von Existenz überhaupt zu denken. Ob die Bewältigung dieser Aufgaben nun auf deduktivem oder induktivem Wege besser gelingt, ist strittig. Folgt man der fundamentalen Kritik D. Humes, so sind induktive Verfahren zwar verlässlich, aber nicht wahrheitsgarantierend. Und damit ist auf eine wichtige Eigenschaft (nicht nur) kosmologischer Argumente für die Existenz Gottes hingewiesen, die eingangs bereits angedeutet worden ist.[59]

Auch die besten kosmologischen Argumente spielen für die persönliche Überzeugung nur eine marginale Rolle. Ihre aktuelle Relevanz wird eher in ihrer Rolle als „Fundamentalismus- und Fideismusblocker"[60] gesehen. Im besten Falle führen sie zu einer kritischen Überprüfung von Vernunft einerseits und Glaube andererseits. Die Leistung von Argumenten für die Plausibilität der Gottesexistenz ist nicht länger am Grad ihrer missionarischen Kraft zu messen, sondern vielmehr an ihrem Beitrag für wissenschaftstheoretische Reflexionen im interdisziplinären, interreligiösen und weltbild-pluralen Feld.

Denn die kosmologischen Argumentationsversuche legen den Finger in die wissenschaftstheoretische Wunde des Verhältnisses von Physik, Philosophie und Theologie.[61] Sie können Aufklärung leisten im Verhältnis von Theologie und Naturwissenschaften, v. a.

---

[58] Hutter, Der kritische Sinn des Gottesbegriffs, 176.

[59] Ein eindrückliches aktuelles Beispiel „dafür, dass Plausibilität und Überzeugungskraft eben beim Menschen nicht übereinstimmen müssen", ist Jörg P. Friedrichs Buch: Der plausible Gott. Welche Erfahrungen sprechen für die Existenz eines Gottes, und was kann man über diesen Gott sagen?, München 2019, 10.

[60] Johannes Grössel/Matthias Remenyi, Glückliches Scheitern. Über Grenzen und Größe der Gottesbeweise, in: IKaZ Communio 2021, 22–36, hier: 25.

[61] W. Löffler unterscheidet zwischen 3 Modellen für das Verhältnis von Wissenschaft und Religion. Vgl. Löffler, Einführung in die Religionsphilosophie, 138f.

Physik.[62] Ihre integrative Kraft kommt da zum Ausdruck, wo Regularitäten erkannt, die metaphysischen Fragen der Vernunft nicht geleugnet und die Rechtfertigung des Glaubens an Gott auch angesichts des Leids in der Welt nicht gescheut werden. Wissenschaft berührt metaphysische Fragen, sofern sie sich auf die Wirklichkeit in ihrer Gesamtheit bezieht bzw. Annahmen macht, die auf das Ganze der Wirklichkeit ausgreifen. Die Selbstreflexion der Wissenschaften, die für einen gelingenden interdisziplinären Austausch unabdingbar ist, gibt Auskunft über die metaphysischen Implikationen der Einzelwissenschaften. Die Frage nach dem Sein („Warum ist überhaupt etwas und nicht vielmehr nichts?") müsste nicht per se verworfen werden, sondern bliebe wissenschaftlich brisant und eine religiöse Antwort eine plausible Möglichkeit, die sich mit weiteren Bestandteilen zu einem Weltbild zusammenfügen ließe.

Die nötige Relativierung einerseits und der bleibende Anspruch andererseits können das Gespräch mit Anders- oder Nicht-Glaubenden weiterhin ermöglichen.[63] Plausibilisierungsversuche schulen den Umgang mit Begrifflichkeiten, erzeugen Präzision im logischen Denken, decken historische Entstehungszusammenhänge auf und weiten den Erfahrungshorizont. Im argumentativen Austausch muss die Frage nach den gemeinsamen oder trennenden Prämissen beantwortet werden und mit ihr hängt unmittelbar auch die Frage nach möglichen Hoffnungsperspektiven zusammen. Sie bleibt philosophisch und in jedem Fall (fundamental-)theologisch die entscheidende Frage, denn wir sollen Rechenschaft abgeben von der Hoffnung, die uns trägt, nicht von den Gewissheiten, die wir schon haben. Wenn Gottesbeweise keine Apologetik sein sollen, dann müssen sie auch den Atheismus als legitime Option zulassen können. Ansonsten wären Atheisten einfach nicht in der Lage das objektiv einsehbare, Logisch-begriffliche zu verstehen. Gottes Existenz bleibt logisch kontingent (Möglichkeit des Atheismus) und somit begründungsbedürftig und gerade nicht

---

[62] Vgl. Hans-Dieter Mutschler, Kann der Physiker Gott beweisen? Warum ein kosmologischer Gottesbeweis nicht mehr möglich ist, in: Herder Korrespondenz Spezial 1/2008, Getrennte Welten? Der Glaube und die Naturwissenschaften, 41–45.

[63] Gerade das *Kalam*-Argument lässt sich ja zu unterschiedlichen Zeiten in verschiedenen Religionen finden.

selbstverständlich.[64] Dieser Umstand, dass Gott nicht „per se notus“[65] sei, ist für Thomas gerade der Ansporn, die fünf Wege zu gehen. Liest man Gottesbeweise als Entfaltung guter Gründe für eine Hoffnung, dann geht es nicht mehr um logischen Zwang, sondern um die freie Zustimmung zu einer vernünftigen, d. h. vernunftgemäßen Option. Die verschiedenen Ansätze aus der Erfahrung und Beobachtung heraus, wie sie uns bei kosmologischen Argumenten begegnen, sind Ausdruck der großen Vielfalt menschlicher Zugänge zur Wirklichkeit. „Die Pluralität von Wirklichkeitszugängen spricht zunächst nicht gegen die Bestimmtheit der Wirklichkeit. Sie spricht aber dagegen, lediglich aus einem Wirklichkeitszugang alle Erkenntnisse abzuleiten.“[66] Dies gilt auch für die Theologie insgesamt.

Gottesbeweise können nicht die Existenz eines Gottes im wörtlichen Sinne beweisen, sondern allenfalls das Denken und Wissenschaftsverständnis selbst kritisch befragen. In diesem Prozess des Denkens eröffnen sich sowohl Möglichkeiten der Selbsttranszendenz, aber es zeigen sich auch die eigenen Grenzen. Durch die Reflexion des Menschen und der Frage nach seiner Stellung im Kosmos beginnt das Staunen darüber, dass überhaupt etwas ist. Kosmologische Denkwege führen in die Kontingenzbegegnung hinein. Ihre theologische Legitimation behalten sie dort, wo sie von der Notwendigkeit zur Freiheit führen und die Sinnfrage offenhalten. Denn nur dann füllt Gott keine Lücke und erschöpft sich Religion nicht in der Bewältigung jener Kontingenz. Den Geschenkcharakter des freien Glaubens und den Grenzcharakter der menschlichen Vernunft können kosmologische Argumente auf besondere Weise wahren, da uns der Kosmos Größe und Grenzen der menschlichen Vernunft vor Augen führt. Wir können die kosmologischen Erfahrungen und Einsichten als Gotteserfahrungen deuten. Nicht mehr als physikalische Beweise, aber als „Gotteserfahrung im Denken“[67]. Bestenfalls führt das nicht primär zu einer Bewahrung der Gottesbeweise, sondern

---

[64] Vgl. Löffler, Argumente für Gottes Existenz und ihre Bedeutung für Theologie und Glaube, 170.

[65] Thomas von Aquin, Summa Theologiae I 2,2, 48. Mit der Formulierung wendet er sich gegen Anselm: „Unde deum esse, secundum quod non est per se notum quoad nos, demonstrabile est per effectus nobis notos.“

[66] Tobias Müller, Gott, Welt, Kreativität: Eine Analyse der Philosophie A. N. Whiteheads, Paderborn – München 2009, 19.

[67] Vgl. Splett, Gotteserfahrung im Denken.

zuallererst zu einer Bewahrung der Schöpfung. Dann wäre Denken auch Lebensvollzug.[68]

Kommentare

Big Bang Theory? Warum Theismus und Kosmologie nicht notwendig zusammengehören (Martin Breul)

Fana Schiefen aktualisiert in ihrem Text in einem Durchgang durch eine Vielzahl von Varianten klassischer kosmologischer Argumentationsformen die Grundidee des kosmologischen Arguments und plädiert dafür, insbesondere die integrative und religionskritische Funktion kosmologischer Argumentationsfiguren für eine rationale Verantwortung der Rede von der Wirklichkeit Gottes zu berücksichtigen. Der intuitive Reiz kosmologischer Argumentationsformen liegt auf der Hand, da sie eine Antwort auf eine der Urfragen der Menschheit zu geben vermögen: Woher kommt eigentlich das Universum, das Leben und der ganze Rest? Auch wenn diese metaphysische Frage in den letzten Jahrhunderten zunehmend an die Physik ‚outgesourced' wurde, bleibt trotz der elaboriertesten physikalischen Theorien zur Entstehung des Universums das Unbehagen bestehen, ob zum Beispiel mit einer Urknalltheorie diese Frage hinreichend beantwortet ist. Denn in der Frage nach dem Ursprung von allem geht es nicht nur um eine naturwissenschaftliche Erklärung des immanenten Entstehungsprozesses des Universums, sondern immer auch um eine Klärung der Stellung des Menschen im Kosmos und den Sinn von Seiendem als solchem, und dies sind keine empirisch zu beantwortenden, sondern metaphysische Fragen.

Die Attraktivität des kosmologischen Arguments besteht nun gerade darin, hier einen umfassenden Antwortversuch zu formulieren und die Existenz des Universums aus einem personalen Urgrund abzuleiten, dessen Existenz damit wiederum als bewiesen oder zumindest als gut begründet gelten kann. Schiefen macht zwar deutlich, dass aus verschiedenen philosophischen und theologischen Gründen kosmologische Argumente nicht mehr als strikt logische Beweise daher kommen können. Zugleich markiert sie aber die bleibende

[68] Vgl. Ebd., 63.

Relevanz kosmologischer Argumente, indem sie diese insbesondere mit prozessphilosophischen Argumentationsformen in Verbindung bringt und zwei Funktionen dieser Argumente herausstellt: Zum einen haben sie eine religionskritische Funktion, da sie die Reflexion des Gottesbegriffs anleiten und bestimmte Entwicklungsschübe – beispielsweise hin zu einer Prozesstheologie oder einer panentheistischen Metaphysik – auslösen könnten. Zum anderen haben sie eine integrative Funktion, da sie das Zusammenspiel von Physik, Metaphysik und Theologie in den Blick nehmen und versuchen, Brücken zwischen diesen Wirklichkeitszugängen zu bauen. Schiefens Einordnung sowohl der Grenzen kosmologischer Argumentationsformen im 21. Jahrhundert als auch ihrer bleibenden Potenziale ist sehr hilfreich, um einschätzen zu können, was kosmologische Argumente leisten können – und was nicht.

An dieser Stelle bin ich mir allerdings – und hier würde ich meine erste Rückfrage an Schiefens Text verorten – nicht sicher, ob die integrative Funktion kosmologischer Argumente nicht überschätzt wird. Schiefen betont völlig zurecht, dass kosmologische Argumente das wissenschaftstheoretisch nicht ganz geklärte Verhältnis von Physik, Philosophie und Theologie in den Blick nehmen. Es ist mir aber nicht ganz klar, inwiefern eine integrierte Perspektive dieser Disziplinen überhaupt eine sinnvolle Zielperspektive ist. Ist mit der integrativen Funktion kosmologischer Argumente gemeint, dass sie dabei helfen können, am Ende eine ‚theory of everything' zu formulieren, also eine theistische Metaphysik, die das Sein als solches adäquater beschreibt als beispielsweise ein Naturalismus? Wäre nicht die Alternative eines letzten Ernstnehmens der Vielfalt der menschlichen Wirklichkeitszugänge plausibler, die keine integrierte Supertheorie anzielt, sondern verschiedene Ebenen der Beschreibung und Deutung der Wirklichkeit postuliert, die in ihrem Eigenrecht nicht aufeinander reduzierbar sind? In diesem Sinne wäre Metaphysik eine lebensweltliche, praktisch-vernünftige Orientierung, die die Rationalität theistischer Deutungsoptionen des Daseins nicht von einer erfolgreich formulierten Kosmologie, sondern vielmehr von der existenziellen und hermeneutischen Plausibilität dieser Deutungspraxis abhängig macht.

Der Tiefenstrom dieser Kritik speist sich letztlich aus dem grundsätzlichen Problem kosmologischer Argumentationsformen. Sie verorten die Verantwortung des Glaubens an die Existenz Gottes (zumindest primär) vor dem Forum der theoretischen Vernunft. In meinen Augen liegt damit aber eine Verwechslung von Ebenen vor: Die Plausibilität der Rede von der Existenz Gottes hängt nicht daran, eine alternative metaphysische Großtheorie zu formulieren, die methodisch ähnlich operiert wie beispielsweise der Naturalismus. Eine theistische Kritik des Naturalismus sollte auf seine methodischen Probleme verweisen und sich nicht die gleichen methodischen Probleme einhandeln, indem der Theismus auf der gleichen Ebene wie der Naturalismus angesiedelt wird – als theoretische Kosmologie, die physikalische Theorien über den Anfang des Universums theologisch überformen möchte. Die Plausibilität des Theismus hängt m. E. vielmehr daran, anschlussfähig an lebensweltliche Erfahrungen zu sein, die die Annahme der Existenz Gottes postulatorisch voraussetzen. Daher wäre meine Rückfrage an Schiefen, von welchem Standpunkt aus kosmologische Argumente zur Plausibilität des Gottesglaubens formuliert werden könnten: Ist nicht selbst noch die von Schiefen abgeschwächte Lesart kosmologischer Argumentationsformen darauf festgelegt, wahre Sätze über eine göttliche Wirklichkeit zu formulieren, die Glaubensüberzeugungen mit theoretischem Wissen über das Sein als solchem identifiziert? Mit anderen Worten: Müsste nicht noch stärker unterschieden werden zwischen einer naturwissenschaftlichen Erforschung der Entstehung des Universums und einer theistischen Deutung des Universums als Schöpfung Gottes? Zielt die Rede von der ‚integrativen Funktion' kosmologischer Argumentationsformen auf eine ‚integrierte Maximaltheorie' oder auf den Nachweis der Notwendigkeit einer Kompatibilität von physikalischen Erklärungen und theistischen Verstehensversuchen? Müsste man sich nicht nachhaltiger von kosmologischen Argumentationsformen verabschieden, weil sie immer wieder Gefahr laufen, Gott als quasi-wissenschaftliche Hypothese in physikalische Theorien integrieren zu wollen?

Insgesamt arbeitet Schiefen auf sehr überzeugende Weise die Grenzen kosmologischer Argumentationsformen heraus und weist ihnen zugleich eine bleibende Relevanz zu, da sie religionskritische und integrative Funktionen übernehmen können. Am Ende des Tages zielen kosmologische Argumentationsformen auf das Herzstück christlicher Theologie, da sie letztlich das Verhältnis von Gott und Welt, von Schöpfer und Geschöpf in den Blick nehmen. Dies wird auch in Schiefens Verweisen auf prozessphilosophische oder panentheistische Fortschreibungen kosmologischer Argumente deutlich. Ich habe meine Zweifel, ob eine ontologisierende Kosmologie für eine solche Verhältnisbestimmung wirklich notwendig ist, da das Verhältnis von Gott und Welt auch in kommunikativen Kategorien sinnvoll beschrieben werden kann. Zugleich gehen auch solche Kategorien ontologische Verpflichtungen ein, weshalb es nach wie vor höchst sinnvoll ist, kosmologische Argumentationsformen zu prüfen – selbst wenn sie, im Sinne von Schiefens religionskritischer Funktion, nur zur Aufklärung darüber dienen, wie Schöpfung und die Interaktion von Gott und Geschöpf nicht gedacht werden können.

Ein Gott, der liebt, lockt nicht, oder: warum eine Ontologie des Ereignisses die bessere Alternative gegenüber prozesstheologischer Kosmologie ist (Sarah Rosenhauer)

Dem Plädoyer Schiefens für eine epistemisch abgerüstete (aufklärende und diskursivierende statt beweisende), erfahrungsbezogene (und diese Erfahrung nicht in der plumpen Faktizität ihres empirischen Soseins belassende, sondern nach Sinn und Gründen fragende), um Kohärenz (v.a. Naturwissenschaft – Theologie) bemühte und praktisch-ethisch orientierte kosmologische Argumentation kann ich in vielen Punkten sehr zustimmen.

Einen Beweisanspruch mit kosmologischen Argumenten zu verbinden ist begründungslogisch nicht haltbar und theologisch-existenziell nicht wollbar. Sie wegen dieses Mangels ganz zu verabschieden ist ebenso wenig wünschenswert, denn die Erfahrung der Wirklichkeit gibt Anlass und verpflichtet zum Fragen nach Sinn und Grund dessen, was wir erfahren. Ein reiner Empirismus ohne irgendeine Art spekulativ-metaphysischen Überbaus ist schon epistemisch unmöglich. Dass eine solche Haltung existenziell unlebbar und intellektuell unredlich wäre zeigt, dass wir der „kosmologischen“ Spekulation gar nicht entkommen können und so weniger vor der Wahl stehen, ob wir „kosmologische“ Überzeugungen hegen wollen, als vor der Wahl, ob wir sie reflexiv-begründet oder uneingestanden implizit haben wollen.

Stellt man sich der spekulativen/metaphysischen Frage, die schon durch das Faktums unseres bloßen Seins und des Seins der Welt unweigerlich aufgegeben ist, dann ist, wie Schiefen etwa mit Holm Tetens überzeugend gezeigt hat, die Gottesthese eine mögliche (und nicht die schlechteste) Theorie.

Damit ist allerdings noch nicht entschieden, wie Gott als Begründer, Erhalter und Erfüller des Seins gedacht wird. Wiederum überzeugend werden substanzontologische Konzeptualisierungen im Namen von Freiheit (des Subjekts) und Kontingenz (der Wirklichkeit) kritisiert. Als Alternative wird stattdessen auf die kontingenzoffene Prozessmetaphysik Whiteheads und anderer verwiesen.

Hier endet meine Zustimmung, denn ich denke, dass es Möglichkeiten gibt, sich metaphysisch-ontologischer Begründungspflichten zu stellen, die weit aussichtsreicher weil weit weniger problematisch sind als die der Prozessmetaphysik. Denn es fragt sich, wie offen diese für die „Dynamik und Offenheit der Beziehung, des Ausgesetztseins und der Gefährdung“ tatsächlich sein kann, wenn sie von einer finalursächlichen Konzeption des Wirkens Gottes ausgeht – auch wenn sie mit Metaphern des Lockens etc. arbeitet. Gerade diese Metapher ist freiheitstheoretisch verräterisch: Ich will von Gott nicht gelockt werden – ich locke meinen dreijährigen Sohn, wenn es darum geht, ihn zu einer Handlung oder einem Verhalten zu veranlassen, das gut für ihn ist (Essen, Schlafen, warme Kleidung in kalter Jahreszeit), auf das er aber keine Lust hat und dessen Gebotenheit er aus eigener Einsicht nicht einsehen will/kann. Das ist natürlich insofern freiheitswürdigend, als es nicht mit Zwang und Überwältigung arbeitet. Aber zugleich wohnt ihm das manipulative Gift des Pädagogischen inne, das nicht mit offenen Karten spielt, weil sie dem anderen das Vermögen, durch selbstbestimmte Handlung zum Guten zu kommen, abspricht. Die Anerkennung von Freiheit sieht anders aus als ein Locken. Denn sie anerkennt, dass wir frei sind nicht nur durch das Wirken des Erziehers/Gottes (weil er uns gleichsam hinter unserem Rücken zum Guten führt), sondern dass wir frei sind auch gegenüber diesem Wirken, dass unserer Freiheit also zuzutrauen ist, selbst zu entscheiden und zu wählen, was gut für uns ist (ohne dass dies dann, bildlich gesprochen, darauf hinausläuft, dass wir in Badehose im Schnee spielen).

Eine ontologisch kontingenzsensiblere und anthropologisch freiheitswürdigendere Möglichkeit, die erfahrbaren Spuren Gottes in unserem Leben zu deuten als das prozessmetaphysische Konzept einer finalursächlichen Wirksamkeit Gottes, sehe ich in einer Verbindung von Freiheitsdenken und Ereignisontologie mit dem Verständnis Gottes als Liebe. Gott lockt uns nicht, Gott liebt uns: Er setzt unser Sein und befreit uns zur Freiheit, weil er uns will.

Beantwortet man die mit unserem schieren Sein aufgegebene Frage nach der Wirklichkeit als Ganzer unter Rekurs auf eben diese Vorstellung Gottes als Liebe, dann lautet die Antwort: Wir sind, weil wir geliebt sind. Wir sind, weil wir sein sollen. Insofern gibt der Gottesgedanke nur bedingt Auskunft darüber, in was die Wirklichkeit gründet, welchen Gesetzen, seien sie ursächlicher oder finalursächlicher Natur, sie folgt. Entsprechend erschließt sich seine Bedeutung und Plausibilität einer evaluativen weniger einer theoretischen Betrachtung der Wirklichkeit. Der Gottesgedanke sagt etwas über den Wert der Wirklichkeit als ganzer und jedes einzelnen Lebens. Und zwar, dass dieser unrelativierbar ist.

Auf welchen Gott können kosmologische Argumente verweisen? (Aaron Langenfeld)

Die Grundthese von Fana Schiefens Beitrag lautet, dass kosmologische Gottesbeweise dann gewürdigt werden können, wenn sie eine integrative und kritische Funktion einnehmen. Das integrative Moment beschreibt dabei eine Verbindung einzelwissenschaftlicher bzw. weltanschaulicher Perspektiven, während das kritische Moment sich gegen scheinbare Selbstverständlichkeiten im religiösen Bewusstsein richtet. Ich verstehe dieses Anliegen im Horizont kosmologischer Argumente etwa so, dass in der Doppelstruktur, einerseits auf einen letzten Grund ausgreifen zu müssen, der andererseits doch in seinem Sein nicht mit Sicherheit anzudemonstrieren ist, eine Spannung in der vernünftigen Verständigung des Menschen über sein eigenes Dasein auftritt, in der die metaphysische Frage schlechthin (‚Warum ist überhaupt etwas?‘) aufbricht, die, gerade weil sie Frage ist, voreilige Antworten destabilisiert.

Diese Lesart kosmologischer Argumente, die de facto auch auf das Verständnis von Metaphysik insgesamt ausgreift, leuchtet mir sehr ein. Ähnlich der Struktur des ontologischen Arguments würde dann auch hier die Gottesrede selbst zum Entdeckungsort einer Beschränkung des Wissens um Gott, aber auch um die Begründbarkeit des Daseins aus der Vernunft selbst.

Einhaken will ich am Ende von Schiefens Argumentation, in der sie festhält, dass Gottesbeweise sich in diesen genannten Funktionen erschöpfen und so zur positiven Argumentation für die Wirklichkeit

Gottes im Grunde nichts beitragen könnten. Hier stellt sich mir die Frage, ob diese Absage nicht bereits voraussetzt, von *welchem* Gott im Modus des Arguments nichts über seine Existenz ausgesagt werden kann. Zwar erscheint es plausibel, dass die Struktur des kosmologischen Arguments nicht auf Gott im Sinne einer ersten Ursache so zurückführt, dass deren Dasein zweifelsfrei bewiesen wäre, wohl aber kann sie mich dazu anleiten, den Gottesbegriff nicht so zu gebrauchen, dass er einen Gegenstand *innerhalb* der Ursachenkette bezeichnen würde. Damit wäre aber bereits mehr geleistet als eine Kritik, insofern das Argument eine Sprachregel etabliert, die das Reden von Gott positiv normiert: Gott wäre zu begreifen als Wesen, das durch nichts, außer durch sich selbst bestimmt ist. Zugegeben: Der so gewonnene Ausdruck bleibt sehr formal und es erscheint zunächst kein Stück evidenter, dass *dieser* Gott existiert. Aber gerade Schiefens Anregung, das Denken als Lebensvollzug zu begreifen, indem in der Bewahrung der Schöpfung ihr Geschenkcharakter anerkannt ist, scheint doch einen Pfad zu weisen, diesen Formalismus zu sprengen: Denn als Geschenk ist das Dasein bereits qualitativ als *guter* Ort, als Schöpfung und nicht als gleich-gültige Wirklichkeit beurteilt. Gottes kausale Unabhängigkeit von der Schöpfung könnte in diesem Sinne weniger als Versuch begriffen werden, eine begründungslogische Lücke zu schließen, als vielmehr die radikale Freiheit der Schöpfung zu wahren, die, insofern sie sich als gut begründet erfährt, wirklich als Geschenk begriffen werden kann. Die Freiheit der Schöpfung wäre dann als ein *Daseindürfen* bestimmbar, das in einer Wirklichkeit gründend gedacht werden kann, die als in sich selbst begründeter Grund, als Ermöglichung schlechthin verstanden wird.

Insofern Schiefen diese qualitative Dimension der Logik kosmologischer Argumente selbst einführt, interessiert mich, ob hier nicht ein inhaltlicher Zugriff auf Gottes Wirklichkeit gewonnen werden kann, der mehr als nur ein argumentatives Patt mit dem Atheismus erreicht. Lässt sich also nicht gerade von der Bestimmung Gottes als freisetzendem und gutem Grund der Schöpfung, der im eigenen Handeln als Partizipationsmöglichkeit an der Schöpfung erfahren werden kann, ein positives Argument für die Wirklichkeit Gottes rekonstruieren? Erlaubt also eine inhaltlich stärkere Bestimmung dessen, was das Wort ‚Gott' im gegebenen Kontext meint, nicht erst eine Antwort auf die Frage, ob Gottesbeweise im Anspruch, Wirklichkeit zu erschließen, scheitern?

Eine Anknüpfungsmöglichkeit scheint mir etwa in dem von Schiefen angerissenen Prozessdenken zu liegen, das in meinem Verständnis ein Werden der Geschichte in Gott zu denken versucht und damit bereits sehr konkrete Vorstellungen der Erfahrbarkeit Gottes in der Teilhabe an seinem Schöpfungshandeln verbindet. Hier wäre es interessant, mehr über ein mögliches Programm zu erfahren und ob eine prozesstheologische Variante kosmologischer Argumente möglich wäre, die sich eher aus der erfahrbaren Spannung von Unbedingtem und Bedingtem, etwa in Verknüpfung mit Argumenten aus der praktischen Vernunft, in der Schöpfung herleiten könnten, als aus einer effizienzkausalen Ableitung.

„... alles kommt in der Religion aufs Tun an."
Chancen und Grenzen einer kantischen Postulatenlehre für die rationale Verantwortung des Glaubens im 21. Jahrhundert

Martin Breul

„Der Gedanke, dass die Gebete der Verfolgten in höchster Not, dass die der Unschuldigen, die ohne Aufklärung ihrer Sache sterben müssen, dass die letzten Hoffnungen auf eine übermenschliche Instanz kein Ziel erreichen und dass die Nacht, die kein menschliches Leben erhellt, auch von keinem göttlichen durchdrungen wird, ist ungeheuerlich. Die ewige Wahrheit hat ohne Gott ebensowenig einen Grund und Halt wie die unendliche Liebe, ja, sie wird zum undenkbaren Begriff. Aber ist Ungeheuerlichkeit je ein stichhaltiges Moment gegen die Behauptung oder Leugnung eines Sachverhalts gewesen, enthält die Logik das Gesetz, dass ein Urteil falsch ist, wenn seine Konsequenz Verzweiflung wäre?"
(Max Horkheimer)[1]

1. *Problemhorizonte des Arguments*

Die vier kantischen Fragen, deren Beantwortung der Philosophie aufgegeben ist, sind wohl philosophisches Allgemeingut: Was kann ich wissen? Was soll ich tun? Was darf ich hoffen? Was ist der Mensch?[2] Für die Theologie ist es angesichts dieser vier Grundfragen der Philosophie natürlich besonders interessant, zu welcher dieser vier Fragen eigentlich die Frage nach Gott gehört. Thematisiert die Rede von der Existenz, den Eigenschaften oder dem Handeln Gottes einen Gegenstand möglichen Wissens? Oder ist es besser, die philosophisch-theologische Analyse der Begründbarkeit des Gottesglaubens im Rahmen der praktischen Vernunft – also von den Fragen ‚Was soll ich tun?' und ‚Was darf ich hoffen?' her – zu verhandeln?

---

[1] Max Horkheimer, Schriften 1936–1941 (Gesammelte Schriften, Bd. 4), Frankfurt a. M. 1988, 99f.

[2] Immanuel Kant, Logik, AA IX, 25. Im Folgenden werden die Werke Kants nach der Paginierung der Akademie-Ausgabe (AA) zitiert. Eine Parallelstelle findet sich auch in der Kritik der reinen Vernunft, in der jedoch die vierte Frage fehlt (vgl. Kant, KrV A 805/B 833).

Immanuel Kant selbst ist bei der Beantwortung dieser Frage ganz eindeutig. Seine These ist einer seiner vielzitiertesten – und am häufigsten missverstandenen – Sätze: „Ich musste also das Wissen aufheben, um zum Glauben Platz zu bekommen.“[3] Kant kritisiert zunächst nachhaltig das, was er als „speculative Vernunfterkenntnis“[4] bezeichnet – also eine Metaphysik, die Gott, Freiheit und Unsterblichkeit als Gegenstände möglichen *Wissens* begreift. Er tut dies aber nicht, um metaphysischen Fragen nach der Existenz Gottes, der Freiheit des Menschen, der Unsterblichkeit der Seele, der Einheitlichkeit der Welt etc. ihre Sinnlosigkeit zu attestieren, sondern um sie auf eine transformierte Art und Weise zu beantworten: Gott, Freiheit, Seele oder Welt sind keine Begriffe, die sich auf *Gegenstände* beziehen, weshalb die theoretische Vernunft über sie keine methodisch verantworteten Urteile fällen kann, die vielleicht als ‚Wissen‘ zählen könnten. Erst durch die Kritik dieser Form von ‚dogmatischer Metaphysik‘ bekommt Kant ‚*Platz*‘ zum Glauben. Dieser Glaube ist für ihn ein ‚praktischer Vernunftglaube‘, d. h. ein Glaube, der ein Erfordernis der moralischen Lebenspraxis des Menschen ist. Die Frage nach Gott ist also primär vor dem Forum der praktischen Vernunft, d. h. entlang der Fragen ‚Was soll ich tun?‘ und ‚Was darf ich hoffen?‘ zu verhandeln.

Zugleich beinhaltet die kantische Argumentationsfigur nicht die steile Auffassung, dass die Reflexion religiöser Hoffnung völlig aus der theoretischen Vernunft zu verbannen und eine strikte Trennung von theoretischer und praktischer Vernunft zu fordern sei. Vielmehr bindet Kant in der Hoffnungsfrage theoretische und praktische Vernunft zusammen – die Hoffnungsfrage ist „praktisch und theoretisch zugleich“.[5] Die kantische Postulatenlehre läuft darauf hinaus, dass „die theoretische Erkenntnis der reinen Vernunft […] einen Zuwachs bekommt, der aber bloß darin besteht, dass jene für sie sonst problematische (bloß denkbare) Begriffe, jetzt assertorisch für solche erklärt werden, denen wirklich Objekte zukommen, weil

[3] Kant, KrV B XXX. Vgl. auch seinen Ausspruch im Anhang der ‚Logik‘ (AA IX, 87): „Alles läuft zuletzt auf das Praktische hinaus, und in dieser Tendenz alles Theoretischen und aller Spekulation in Ansehung ihres Gebrauchs besteht der praktische Wert unsers Erkenntnisses.“

[4] Kant, KrV, B XIV.

[5] Ebd., 833.

praktische Vernunft die Existenz derselben zur Möglichkeit ihres [...] Objekts des höchstens Guts unvermeidlich bedarf, und die theoretische dadurch berechtigt wird, sie vorauszusetzen."[6] Ohne Rekurs auf die praktische Vernunft geht es also nicht – aber auch nicht allein mit ihr. Diese Notwendigkeit der Inklusion einer praktisch-vernünftigen Perspektive in die Verantwortung des Gottesglaubens führt Kant in seiner Schrift ‚Der Streit der Fakultäten' zu der programmatischen Aussage: „... alles kommt in der Religion aufs Tun an."[7]

In meinen Augen handelt es sich bei diesem von Kant vorgeschlagenen Ortswechsel zur Behandlung der philosophisch-theologischen Grundfrage nach Gott um eine zentrale Weichenstellung, die für eine rational verantwortete Theologie sehr vielversprechend ist. Auch wenn damit der *Modus der Begründung* des religiösen Glaubens von Kant nachhaltig reformiert worden ist, lassen sich zugleich – so meine These – einige Grenzen seiner Postulatenlehre markieren, die eine ungebrochene philosophisch-theologische Fortschreibung im 21. Jahrhundert erschweren. Ich werde daher die These verteidigen, dass eine rational verantwortete Theologie auf die argumentative Grundstruktur der Postulatenlehre aufbauen kann und diese zugleich fortschreiben muss, um das gesamte Potenzial der kopernikanischen Wende Kants philosophisch und theologisch abzurufen. Ein solches begriffliches und theologisch-anthropologisches Update der kantischen Argumentationsfigur kann, im Anschluss an Klaus Müller, zu einer ‚Metaphysik der Lebensdeutung'[8] führen, die an der rationalen Verantwortbarkeit der christlichen Hoffnung festhalten kann, ohne sie mit dem Anspruch auf

[6] Kant, KpV, AA V, 134. Vgl. zu diesem Zusammenspiel von praktischer und theoretischer Vernunft in der Frage religiöser Hoffnung auch Martin Breul/Julian Tappen, Wahrheit, Richtigkeit, Wahrhaftigkeit? Immanuel Kant und die Frage nach dem Geltungsanspruch religiöser Überzeugungen, in: ThPh 94 (2019) 50–68.

[7] Kant, Streit der Fakultäten, AA VII, 41.

[8] Der Ausdruck ‚Metaphysik der Lebensdeutung' kann auf Klaus Müller zurückgeführt werden, der mit dieser Programmbeschreibung von Dieter Henrichs Philosophie nicht nur Henrichs Grundgedanken, sondern auch die hier zu entwickelnde Konzeption der rationalen Verantwortung der religiösen Hoffnung prägnant trifft (vgl. Klaus Müller, Vernunft und Dasein. Anmerkungen zum Projekt einer Metaphysik der Lebensdeutung, in: Thomas Pröpper [Hg.], Bewusstes Leben in der Wissensgesellschaft, Altenberge 2000, 33–42).

theoretische Gewissheit auszustatten. Religionen erweisen sich dann als performativ erschließbare Selbst- und Weltdeutungspraxen, über die – im Rahmen einer praktischen Philosophie – mit guten Gründen rationale Rechenschaft abgelegt werden kann.[9]

Zunächst werde ich im Folgenden ganz knapp die Gründe skizzieren, die Kant dazu veranlassen, die – wie er es nennt – spekulative Metaphysik aufzugeben und sodann seine Alternative einer Postulatenlehre umreißen: Was ist das kantische Argument für die Postulate der Existenz Gottes und der Unsterblichkeit der Seele? (2).[10] Nach diesem rekonstruktiven Teil nehme ich eine kritische Würdigung der zeitgenössischen Relevanz von Argumenten aus der praktischen Vernunft für die Existenz Gottes vor. Ich werde zunächst Einwände gegen die Postulatenlehre anreißen, die zu einer *Relecture* der ursprünglichen Argumentationsfigur einladen. Diese Transformation der ursprünglichen Argumentationsfigur führe ich dann in einigen exemplarischen Schritten aus. Auf diesem Wege lässt sich aufzeigen, dass eine Postulatenlehre im Fahrwasser Kants auch heutzutage eine plausible Form der Verantwortung des Glaubens begründen kann (3).

---

[9] Das hier zugrunde gelegte Konzept einer ‚Praktischen Metaphysik' geht zurück auf Saskia Wendel, die ganz im Sinne der nun folgenden Überlegungen ebenfalls für ein ‚Redigieren der Metaphysik' plädiert und Theologie nicht primär als spekulative ‚Glaubenswissenschaft', sondern als praktische ‚Handlungswissenschaft' begreift; vgl. Saskia Wendel, In praktischer Hinsicht das Leben als Ganzes deuten. Ein Vorschlag zum Redigieren der Metaphysik, in: Dies./Martin Breul, Vernünftig glauben – begründet hoffen. Praktische Metaphysik als Denkform rationaler Theologie, Freiburg i. Br. 2020, 17–155.

[10] Das dritte Postulat der praktischen Vernunft ist das der menschlichen Freiheit. Dieses ist theologisch zwar ebenfalls höchst relevant, soll im Folgenden aber nicht weiter thematisiert werden, da es hier primär um eine praktisch-vernünftige Rechtfertigung der religiösen Hoffnung gehen soll. Es ist aber wichtig zu sehen, dass Kants Konzept eines ‚praktischen Vernunftglaubens' sich nicht nur auf die Postulate der Existenz Gottes und der Unsterblichkeit der Seele, sondern auch auf seinen Begriff von Freiheit erstreckt. Vgl. dazu auch Birgit Recki, Freiheit und Natur. Zu Kants architektonischem Programm, in: Natur und Freiheit. Akten des XII. Internationalen Kant-Kongresses, hg. Violetta Waibel et al., Berlin – Boston 2018, 91–108, hier: 107: „Die Idee von der Freiheit in der Natur ist ebenso wie schon die Idee von deren Zweckmäßigkeit, die Idee eines Willens, die dem Ganzen zugrunde liege, übrigens auch die Idee des Fortschritts – und nicht zuletzt die Idee der Freiheit selbst – Element dessen, was Kant praktischen Vernunftglauben nennt."

2. *Die klassische Argumentationsform: Kants Postulatenlehre*

Kant wurde von seinem Zeitgenossen Moses Mendelssohn als ‚Alleszermalmer‘ bezeichnet, weil seine in der ‚Kritik der reinen Vernunft‘ formulierten Einwände gegen alle Gottesbeweise und mit ihnen seine Kritik an der Möglichkeit einer Metaphysik, die Glaubenssätze mit Wissenssätzen identifiziert, als so nachhaltig erschienen, dass die Möglichkeit einer wissenschaftlich verantworteten, rationalen Rede von Gott ausgeschlossen schien. Dies ist aber nur die eine Seite der Medaille: Kants Kritik der Gottesbeweise dient theoriearchitektonisch als Vehikel, um eine neue Form der philosophischen Verantwortung eines Glaubens zu formulieren. Ein zentraler Baustein dieses praktischen Vernunftglaubens ist die Postulatenlehre, die Kant in seiner *Kritik der praktischen Vernunft* entfaltet.[11]

Eine Bemerkung vorweg: In der Kantforschung herrscht über die angemessene Interpretation der Funktion des praktischen Vernunftglaubens ein großer Dissens. Säkular gestimmte Rezipient*innen Kants betrachten die Einführung des Gottespostulats als prinzipiell verzichtbares Element in der Theoriearchitektonik Kants, das lediglich eine behelfsmäßige Krücke zur Beantwortung der Frage nach der Motivation zu moralischem Handeln ist – ein Beispiel wäre hier die Habermas'sche Kantinterpretation, die er in seinem Werk ‚Auch eine Geschichte der Philosophie‘ nochmals vertieft hat.[12] Andere Philosoph*innen halten die praktisch-vernünftigen Postulate der Freiheit, der Existenz Gottes und der Unsterblichkeit der Seele für den Schlussstein der kantischen Philosophie. Die Pointe der kantischen Postulatenlehre sei nicht die Marginalisierung religionsphi-

---

[11] Eine parallele Ausformulierung der Postulatenlehre findet sich auch in Kants ‚Kritik der Urteilskraft‘ (Kant, KdU, AA V, 443f.).

[12] Vgl. Jürgen Habermas, Vernünftige Freiheit. Spuren des Diskurses über Glauben und Wissen (Auch eine Geschichte der Philosophie, Band 2), Berlin 2019, 298–374. Habermas' zentraler Einwand gegen die Postulatenlehre – sie verdanke „sich einer petitio principii; indem sie etwas zur Pflicht erhebt, was die moralischen Kräfte des einzelnen übersteigt“ (Ebd. 356) – ist dabei keineswegs schlagend; vgl. dazu die Gegeneinwände von Saskia Wendel, Die Unausdenkbarkeit der Verzweiflung. Theologische Anknüpfung an und Unterscheidung von Habermas' nachmetaphysischer Interpretation Kantischer Metaphysik, in: Franz Gruber/Markus Knapp (Hg.), Wissen und Glauben. Theologische Reaktionen auf das Werk von Jürgen Habermas ‚Auch eine Geschichte der Philosophie‘, Freiburg i. Br. 2021, 124–144.

losophischer Fragen, sondern ein Plädoyer für einen Ortswechsel bei der Suche nach Antworten auf diese: Die Rede von der Einheit der Welt, von Gott oder auch von Seele ist dann leerlaufende Spekulation, wenn diese als Erfahrungsgegenstände betrachtet werden, die sich mithilfe der theoretischen Vernunft bearbeiten lassen. In den Worten Volker Gerhardts:

> „Die Destruktion [der dogmatischen Metaphysik, M.B.] fällt so gründlich aus, dass flüchtige Leser bis heute den Eindruck haben, nach Kant sei alle Metaphysik erledigt. Tatsächlich aber wird in der transzendentalen *Dialektik* nur vorgeführt, dass man über die *Seele*, die *Welt* und über *Gott* nicht so sprechen darf, als seien sie (wie die einzelnen Gegenstände der Natur) in der Erfahrung gegeben. Kant macht zugleich deutlich, dass wir in unserem unverzichtbaren Anspruch auf die *Einheit* unserer selbst, auf den konsistenten *Zusammenhang* der Welt sowie auf eine in sich stimmige Einstellung unserer selbst zum *Ganzen des Daseins* auf den Vernunftbegriff der *Seele* ebenso wenig verzichten können wie auf die korrespondierenden Begriffe von *Welt* und *Gott*."[13]

Wie argumentiert Kant nun konkret? Wenn man den kantischen Argumentationsgang bündeln möchte, lassen sich – in Vereinfachung des Argumentationsschemas[14] – drei Schritte identifizieren, entlang derer die Postulate der Existenz Gottes und der Unsterblichkeit der Seele begründet werden.

Zunächst identifiziert Kant einen Widerstreit in der Vernunft selbst. Einerseits gilt für Kant das Faktum der objektiven Evidenz des Sittengesetzes, das er als „Faktum der reinen Vernunft, dessen wir uns

---

[13] Volker Gerhardt, Immanuel Kant. Vernunft und Leben, Stuttgart 2002, 181f.

[14] Ich skizziere im Folgenden nur die Grundidee Kants, die sich natürlich in weitaus mehr Schritte einteilen ließe als bloß drei. Für eine detaillierte und textnahe Rekonstruktion des kantischen Gedankengangs vgl. auch Rudolf Langthaler, Geschichte, Ethik und Religion im Anschluss an Kant. Philosophische Perspektiven ‚zwischen skeptischer Hoffnungslosigkeit und dogmatischem Trotz', 2 Bände, Berlin 2014. Zugleich geht Langthaler über Kant hinaus, indem er der Postulatenlehre eine ‚existenzialanthropologische Lesart' unterlegt und sie damit aus dem engen Korsett der Vernunftmoral befreit. Ebenso detailliert und präzise rekonstruiert den kantischen Gedankengang auch Burkhard Nonnenmacher, Vernunft und Glaube bei Kant (Collegium Metaphysicum; 20), Tübingen 2018.

a priori bewusst sind“[15] bezeichnet. Andererseits ist aber auch das Streben nach Glück ebenso ein Bedürfnis der Vernunft: „Glücklich zu sein, ist notwendig das Verlangen jedes vernünftigen aber endlichen Wesens, und also ein unvermeidlicher Bestimmungsgrund seines Begehrungsvermögens.“[16] Dies bringt die Begründungsinstanz der Moral, also die Vernunft selbst, in die Bredouille: Zwar erweisen sich moralische Personen als besonders würdig, glückselig zu sein. Allerdings führt weder das Erfüllen moralischer Pflichten stets zum größtmöglichen Glück – häufig geht das Erfüllen moralischer Gebote ja gerade mit einem Verzicht auf das einher, was Freude, Lust und Glück verspricht –, noch korrespondiert die Glückswürdigkeit des Einzelnen empirisch mit faktischer Glückseligkeit – moralisch gesinnte Personen sind häufig die Gelackmeierten und werden von denen ausgestochen, die weniger moralische Skrupel haben, ihre egoistischen Interessen auf Kosten anderer durchzusetzen.

Der *zweite* Schritt der Argumentation besteht nun darin, diesen Widerstreit in der Vernunft zu einer Zerreißprobe der moralischen Existenzweise des Menschen im Ganzen zu stilisieren. Kant nennt dies auch die „Antinomie der praktischen Vernunft“[17]. Er entwickelt dazu etwas, das als ‚Lehre vom höchsten Gut‘ bezeichnet werden kann. Das höchste Gut besteht gerade darin, dass Glückswürdigkeit und Glückseligkeit ineinsfallen. Kant behauptet, dass die Beförderung dieses ‚höchsten Guts‘ eine moralische Pflicht sei: „Denn der Glückseligkeit bedürftig, ihrer auch würdig, dennoch aber derselben nicht teilhaftig zu sein, kann mit dem vollkommenen Wollen eines vernünftigen Wesens […] gar nicht zusammen bestehen.“[18] Das höchste Gut – der Zusammenfall von Glückseligkeit und Glückswürdigkeit – soll sein, und jedes moralische Wesen hat die Pflicht, es zu befördern.

Damit manövriert sich Kant jedoch auf den ersten Blick in eine missliche Lage: Es ist ein altes moralphilosophisches Prinzip, dass nur dasjenige Pflicht sein kann, was auch erfüllbar ist – *ultra posse nemo obligatur*, d. h. jenseits des Könnens gibt es kein Sollen. Die Pflicht zur Beförderung des höchsten Gutes scheint aber genau eine solche Zumutung zu beinhalten: Das dauerhafte Herstellen eines

---

[15] Kant, KpV, AA V, 47.
[16] Kant, KpV, AA V, 25.
[17] Kant, KpV, AA V, 113.
[18] Kant, KpV, AA V, 110.

Ineinsfallens von Glückswürdigkeit und Glückseligkeit übersteigt die Kräfte des Einzelnen. Damit steht aber die Vernünftigkeit einer moralischen Lebensform im Ganzen in Frage: Einerseits ist der unbedingte Anspruch der Moral nicht zu leugnen, andererseits scheint dieser Anspruch das einzelne moralische Subjekt hoffnungslos zu überfordern. Diese Antinomie der praktischen Vernunft bedroht nun die vernünftige Konsistenz einer moralischen Praxis als solcher (und damit auch die Widerspruchsfreiheit der Vernunft, die sich selbst aufheben würde, wenn sie solch eklatante Widersprüche in sich selbst zuließe): „Ist also das höchste Gut nach praktischen Regeln unmöglich, so muss auch das moralische Gesetz, welches gebietet, dasselbe zu befördern, phantastisch und auf leere eingebildete Zwecke gestellt, mithin an sich falsch sein.“[19] Um also die hoffnungslose Überforderung nicht zum Sargnagel von Vernunft und Moral werden zu lassen, führt Kant eine Perspektive der Hoffnung in seinen Ansatz ein.

Diese Einführung einer Perspektive der Hoffnung ist der *dritte* und letzte Schritt der kantischen Argumentation. Er besteht in der Erweiterung seiner Moraltheorie durch die Postulate der Existenz Gottes und der Unsterblichkeit der Seele. Um diesen Argumentationsschritt richtig zu verstehen, ist zunächst zu klären, was eigentlich der Begriff ‚Postulat‘ bezeichnet. Kant versteht unter einem Postulat „einen theoretischen, als solchen aber nicht erweislichen Satz [...], sofern er einem a priori unbedingt geltenden praktischen Gesetze unzertrennlich anhängt.“[20] Ein Postulat hat also zwei Elemente: Inhaltlich enthält er bestimmte theoretische Aussagen – heutzutage könnte man auch sagen: propositionale Gehalte. Zugleich sind diese theoretischen Sätze aber ‚als solche nicht erweislich‘, d. h., dass über ihre rationale Vertretbarkeit auf Basis der theoretischen Vernunft nicht sinnvoll entschieden werden kann. Ausdrücke wie Gott oder Seele beziehen sich nicht auf theoretisch erschließbare *Gegenstände* innerhalb des Kosmos, sondern sind Grenzbegriffe, die keine raumzeitlich ausgedehnten Entitäten bezeichnen. Die theoretische Vernunft kann zwar die entsprechenden Begriffe bilden, aber die Gründe, die diese Begriffe rechtfertigen, entstammen aus der praktischen Vernunft:

[19] Kant, KpV, AA V, 114.
[20] Kant, KpV, AA V, 122.

> „Also wird durchs praktische Gesetz, welches die Existenz des höchsten in einer Welt möglichen Guts gebietet, die Möglichkeit jener Objekte der reinen spekulativen Vernunft, die objektive Realität, welche diese ihnen nicht sichern konnte, postuliert; wodurch denn die theoretische Erkenntnis der reinen Vernunft allerdings einen Zuwachs bekommt, der aber bloß darin besteht, dass jene für sie sonst problematische (bloß denkbare) Begriffe, jetzt assertorisch für solche erklärt werden, denen wirklich Objekte zukommen, weil praktische Vernunft die Existenz derselben zur Möglichkeit ihres, und zwar praktisch-schlechthin notwendigen, Objekts des höchstens Guts unvermeidlich bedarf, und die theoretische dadurch berechtigt wird, sie vorauszusetzen."[21]

Daher ist das zweite Element des Begriffs Postulat auch seine ‚unzertrennliche Anhänglichkeit' an ein praktisches Gesetz: Es ist die moralische Lebenspraxis, die eine *Perspektive der rettenden Gerechtigkeit* voraussetzt und damit ein *Bedürfnis der Vernunft* stillt:

> „Daher ist auch die Moral nicht eigentlich die Lehre, wie wir uns glücklich machen, sondern wie wir der Glückseligkeit würdig werden sollen. Nur dann, wenn Religion dazu kommt, tritt auch die Hoffnung ein, der Glückseligkeit dereinst in dem Maße theilhaftig zu werden, als wir darauf bedacht gewesen, ihrer nicht unwürdig zu sein."[22]

Die Notwendigkeit der Hoffnung auf eine rettende Gerechtigkeit führt Kant auf inhaltlicher Ebene zu den Postulaten der Existenz Gottes und der Unsterblichkeit der Seele. Die *Existenz Gottes* ist zu postulieren, da es einen jenseitigen personalen Akteur braucht, der – im Sinne der rettenden Gerechtigkeit – die dauerhafte Synthese von Glückswürdigkeit und Glückseligkeit herstellt. Die *Unsterblichkeit der Seele* ist zu postulieren, da es eines Subjekts bedarf, für das diese Synthese jenseits des irdischen Lebens hergestellt werden kann.[23] So

---

[21] Kant, KpV, AA V, 134.

[22] Kant, KpV, AA V, 130.

[23] Kants Verwendung des Begriffs der ‚Seele' lädt zu allerlei Missverständnissen ein, da dieser Ausdruck begriffsgeschichtlich häufig dem Körper entgegengesetzt wird und eine große Rolle in dualistischen Konzeptionen der Philosophie des Geistes spielt – von Platon bis Descartes findet sich dieser Ausdruck als Bezeichnung einer ‚denkenden Substanz', die die materielle Substanz des Körpers lenkt

zermalmt Kant eben doch nicht ‚alles', wie Moses Mendelssohn mutmaßte, sondern transformiert die Art und Weise, wie Antworten zu metaphysischen Fragen formuliert werden können: Über die Existenz Gottes oder die Unsterblichkeit der Seele kann ich in theoretischer Hinsicht nichts wissen, aber ich kann im Modus der begründeten Hoffnung und des begründeten Vertrauens darauf setzen, dass Gott existiert. Saskia Wendel reformuliert diesen kantischen Grundgedanken so: „In Bezug auf Religion und Glaube also wird eine praktische Metaphysik zu einer Metaphysik der Hoffnung – und umgekehrt kommt durch die Hoffnungsperspektive die Religion ins Blickfeld der Metaphysik."[24]

Eine Klarstellung möchte ich, zum Abschluss der Rekonstruktion der Postulatenlehre, noch ganz explizit machen: Kant bindet die unbedingte Geltung des moralischen Gesetzes dezidiert nicht an die Anerkennung der Existenz Gottes oder an einen religiösen Glauben.[25] Der Glaube an Gott ist nicht *konstitutiv* für die Geltung des

---

und die den Tod im Gegensatz zum Körper überdauern kann. Kant hingegen könnte nichts ferner liegen, als durch den Begriff der Seele durch die Hintertür nun doch wieder einen Substanzdualismus einzuführen. Der Begriff der ‚Seele' wird von ihm vielmehr als praktische Idee der Vernunft verstanden und mit dem vernünftigen Wesen des Menschen in eins gesetzt (vgl. Kant, KpV, AA V, 122f.). Der Begriff der Seele übernimmt die *Funktion* der Stiftung der Einheit einer Person, er bezeichnet aber keinen *Gegenstand* innerhalb einer Person (vgl. zum kantischen Begriff der Seele auch Georg Essen, Abschied von der Seelenmetaphysik. Eine theologische Auslotung von Kants Neuansatz in der Subjektphilosophie, in: Ders./Magnus Striet [Hg.], Kant und die Theologie, Darmstadt 2005, 187–223). Damit scheint auch die gegenwärtig vieldiskutierte Frage nach dem Verhältnis von Leib und Seele (oder auch Körper und Geist) schief formuliert zu sein, da diese einen begrifflichen Dualismus impliziert, der Körper und Geist als Gegenstände betrachtet, die irgendwie in ein Verhältnis gebracht werden müssen. Mit Kant ließe sich schon die Anlage dieser Debatte kritisieren, da durch die begriffliche Unterteilung einer Person in geistige und körperliche Bausteine bereits die wichtigsten Vorentscheidungen getroffen worden sind. Diese kantische Grundintuition versuche ich, in Aufnahme der analogen Kritik der gegenwärtigen ‚Philosophie des Geistes' bei Wittgenstein und seinem Schüler Peter Hacker sowie der jüngsten Erkenntnisse der evolutionären Anthropologie zu entfalten in Martin Breul, Die Entstehung des Geistes. Ist Michael Tomasellos ‚Naturgeschichte des menschlichen Denkens' eine Lösung des Leib-Seele-Problems?, in: ZKTh 141 (2019) 413–433.

[24] Wendel, In praktischer Hinsicht das Leben als Ganzes deuten, 110f.

[25] Vgl. Kant, KdU, AA V, 450f. sowie die eindeutige Klarstellung zu Beginn seiner Schrift „Die Religion innerhalb der Grenzen der bloßen Vernunft': „Die Moral,

moralischen Gesetzes, da die Geltung moralischer Normen autonom von der Vernunft geprüft wird. Die Möglichkeit des Gottesglaubens folgt aber, wenn man das Führen einer moralischen Existenz zu Ende denkt, *konsekutiv* aus dem moralischen Gesetz, da das innerweltliche Auseinanderklaffen von moralischem Handeln und individueller Glückseligkeit die Existenz Gottes und das postmortale Fortexistieren des Subjekts zumindest denk*möglich* machen.

Es ist eine offene Frage der Kant-Exegese, ob die objektive Evidenz des Sittengesetzes die Postulate der Existenz Gottes und der Unsterblichkeit der Seele denk*möglich* oder denk*notwendig* macht. Rudolf Langthaler argumentiert beispielsweise dafür, dass Moral bei Kant unumgänglich zur Religion führe und die Existenz Gottes zu einer moralisch notwendigen Annahme sowie den religiösen Glauben zur moralischen Pflicht mache.[26] Benedikt Rediker möchte an dieser Stelle begründungstheoretisch abrüsten und verteidigt die weniger steile These, dass Moral die Annahme der Existenz Gottes und der Unsterblichkeit der Seele *ermögliche*.[27] Die werkexegetische Frage kann an dieser Stelle nicht entschieden werden; allerdings würde ich aus systematischer Perspektive dafür plädieren, die kantische Postulatenlehre als Erweis der Denk*möglichkeit* Gottes zu verstehen und damit die Optionalität einer theistischen Selbst- und Weltdeutung herauszustellen. Es käme einem Gottesbeweis gleich, die *Notwendigkeit* der Existenz Gottes aus der moralischen Existenzweise abzuleiten, was wiederum theologisch mehrere problematische Konsequenzen nach sich ziehen würde.[28] Nimmt man die von Kant herausgestellte Unterscheidung von

---

sofern sie auf dem Begriffe des Menschen, als eines freien, eben darum aber auch sich selbst durch seine Vernunft an unbedingte Gesetze bindenden Wesens, gegründet ist, bedarf weder der Idee eines anderen Wesens über ihm, um seine Pflicht zu erkennen, noch einer andern Triebfeder als des Gesetzes selbst, um sie zu beobachten." (Kant, RGV, AA VI, 3)

[26] Vgl. zuletzt Rudolf Langthaler, Führt Moral unumgänglich zur Religion? Zur Kritik der Kantischen Religionsphilosophie bei Jürgen Habermas – eine Entgegnung, Freiburg – München 2021.

[27] Vgl. Benedikt Rediker, Die Fragilität religiöser Hoffnung. Zur Transformation praktischer Theodizee im Anschluss an Immanuel Kant (ratio fidei; 77), Regensburg 2021, bes. 308–338; Ders.: Führt Moral wirklich unumgänglich zur Religion? Eine Kritik am starken Begründungsanspruch des praktischen Vernunftglaubens Kants, in: ZTP 143 (2021), 530–556.

[28] Vgl. zu den guten theologischen Gründen, auf Gottesbeweise zu verzichten, auch Klaus von Stosch, Zur Marginalität der Gottesbeweise in der Theologie,

Glauben und Wissen ernst, so gewinnt das kantische Argument streng genommen sogar an Plausibilität, wenn es lediglich die Denkmöglichkeit, nicht aber die Denknotwendigkeit Gottes aufweist – denn damit wird stärker die Dimension des begründeten Vertrauens und weniger die Dimension der wissenden Gewissheit betont, wie auch Saskia Wendel herausgestellt hat:

> „Gerade wenn und weil die Postulate mit der epistemischen Einstellung ‚glauben' verbunden sind, und gerade wenn und weil sie nicht auf das ausgerichtet sind, was wir zweifelsfrei wissen können, sondern was wir vernünftigerweise hoffen dürfen, kann den Postulaten keine objektive Realität mehr zugesprochen werden. Es bleibt offen, ob ihnen eine Realität entspricht oder nicht, doch diese Offenheit nimmt der Kraft des Glaubens überhaupt nichts weg, im Gegenteil: Er basiert auf der Fähigkeit, auf die Gottesexistenz und auf das allen verheißene Heilsversprechen rettender Gerechtigkeit vernünftigerweise, d. h. mit guten Gründen, zu vertrauen."[29]

Abschließend lässt sich festhalten, dass es für eine philosophische Theologie im 21. Jahrhundert am Ende gar nicht so entscheidend ist, ob man Kants ‚moralisches Argument' für die Existenz Gottes bis in die letzten begrifflichen Verästelungen hinein teilt. Wichtiger erscheint mir die grundlegende Argumentationsstruktur zu sein, da diese auch einer philosophischen Theologie von heute etwas sagen kann. Kant macht die Umstellung der religionsphilosophischen Argumentationsfigur in einer Fußnote in der Kritik der Urteilskraft sehr explizit:

> „Dieses moralische Argument soll keinen objectiv=gültigen Beweis vom Dasein Gottes an die Hand geben, nicht dem Zweifelgläubigen beweisen, daß ein Gott sei; sondern daß, wenn er moralisch consequent denken will, er die Annehmung dieses Satzes unter die Maximen seiner praktischen Vernunft aufnehmen müsse. – Es soll damit auch nicht gesagt werden: es ist *zur* Sittlichkeit nothwendig, die Glückseligkeit aller vernünftigen Weltwesen gemäß ihrer Moralität anzunehmen; sondern: es ist *durch*

in: Georg Gasser/Ludwig Jaskolla/Thomas Schärtl (Hg.), Handbuch für analytische Theologie (STEP 11), Münster 2017, 189–203.

[29] Wendel, Die Unausdenkbarkeit der Verzweiflung, 142.

> sie nothwendig. Mithin ist es ein subjectiv, für moralische Wesen, hinreichendes Argument."[30]

Kant betrachtet den Glauben an die Wirklichkeit Gottes also weder als theoretisch beweisbar, noch als notwendig für die Begründung moralischer Normen. Die Rechtfertigung des Glaubens an Gott ist vielmehr die Folge einer logischen Reflexion der Implikationen einer moralischen Lebenspraxis. Wenn das kantische Argument mit diesem Schritt hinreichend rekonstruiert ist, stellt sich für den letzten Teil des Textes die Frage: Lässt sich dieses Argument, das immerhin ein paar Jahrhunderte alt ist, so formulieren, dass es auch im 21. Jahrhundert ein sinnvolles Argument für die Annahme der Existenz Gottes sein kann? In einem letzten Schritt gehe ich daher zunächst auf einige Probleme des gerade rekonstruierten Arguments ein und stelle anschließend seine bleibenden Stärken heraus.

3. Kritische Würdigung

3.1 Probleme der kantischen Postulatenlehre

Kant hat eine zentrale Weichenstellung des Formats der Begründung des Glaubens vorgenommen, die für eine philosophische Theologie sehr vielversprechend ist. Zugleich scheint mit ihm nicht das letzte Wort gesprochen zu sein, da seine Postulatenlehre aus theologischer Sicht eine gewisse Schlagseite hat: Kant legt in seiner ‚Ethikotheologie' den Fokus zu sehr auf die Ethik und zu wenig auf die Theologie. Er läuft Gefahr, Religion als Folgeprodukt der Moral zu betrachten und damit den religiösen Glauben lediglich zu einem Funktionsgaranten seiner deontologischen Moraltheorie zu machen. Das Führen einer moralischen Existenz ist, in theologischer Perspektive, aber eher eine mögliche Implikation der Religion und nicht ihr Wesenskern. Die Pointe religiösen Glaubens lässt sich nicht auf moralische Gebote zurückführen. In dieser Stoßrichtung hält etwa Thomas Pröpper fest, dass Kant eine „moralische Reduktion"[31] der Religion betreibe und diese in funktionalisierender Weise auf die Beförderung

---

[30] Kant, KdU, AA V, 450f. [meine Hervorhebungen].

[31] Pröpper, Thomas, Theologische Anthropologie, Band 1, Freiburg 2011, 447.

des Sittengesetzes engführe. Pröpper zufolge gelte für Kant: „Religion ist Appendix zur Moralität, darin erschöpft sich ihr Sinn.“[32]

Zugleich betont Pröpper an anderer Stelle, dass der kantische Begründungsanspruch – aus der Evidenz des Sittengesetzes die praktische Gewissheit der Existenz Gottes zu schließen – zu hoch sei. Der theologische Begründungsgang könne – angesichts der Einsicht in die Dialektik der Aufklärung und die fortschreitende Säkularisierung – lediglich im Modus der gerechtfertigten Hoffnung, nicht aber im Modus der praktischen Gewissheit vorangehen:

> „Das Sinnbedürfnis der freien Vernunft garantiert noch nicht seine Erfüllung. Das gilt für das Sinnbedürfnis der praktischen Vernunft ebenso wie für das Bedürfnis nach absoluter Begründung, das der theoretischen immanent ist. An dieser Stelle muss also auch ich mich von Kants Vernunftglauben trennen. Dies sehen wir heute […] klarer als er: *Nicht die Sinngewissheit moralischen Handelns begründet den Glauben, wohl aber stärkt die Sinnvorgabe des Glaubens die Sinnhoffnung der Moral.*“[33]

Die kantische Postulatenlehre in Reinform zeigt also aus theologischer Perspektive einerseits zu wenig und andererseits zu viel. *Einerseits* reduziert sie Religion auf eine Funktionsbedingung der autonomen Vernunftmoral. Religion scheint aber viel mehr zu sein als nur der ‚Spin-Off‘ einer moralischen Existenzweise. Religionen kön-

---

[32] Ebd., 448. Einen ähnlichen Einwand formuliert auch Hans-Joachim Höhn: „Ist das Moralische nicht eher ein Implikat des Religiösen als dessen Konstitutivum, so dass noch gar nicht das Religiöse (an) der Religion hierbei zureichend erfasst wurde?“ (Hans-Joachim Höhn, Zeit und Sinn. Religionsphilosophie postsäkular, Paderborn 2010, 54). Ungeachtet dieses Einwandes entwickelt Höhn im Anschluss eine der Postulatenlehre zumindest analoge Argumentationsfigur, wenn er bestimmte „transpragmatische Akzeptanzbedingungen“ des Daseins im Ganzen und des Bemühens um die Verbesserung der Welt im Spezifischen formuliert: „Das Ziel menschlichen Bemühens um ein sinnvolles Dasein muss von dessen Ursprung her ermöglicht sein und verweist insofern auf eine Bedingung bzw. ‚Umstandsbestimmung‘ von Sein und Handeln, die allem menschlichen Tun vorausgeht. Nur ein Dasein, das nicht per se absurd ist, sondern zustimmungsfähig und zustimmungswürdig, macht das Projekt der (kontrafaktischen) Daseinsannahme und Daseinsoptimierung vertretbar.“ (Ebd., 169). Vgl. für ein analoges Argument auch Hans-Joachim Höhn, Gottes Wort – Gottes Zeichen. Systematische Theologie, Würzburg 2020, 141–146.

[33] Pröpper, Theologische Anthropologie, 785.

nen auch performative Selbst- und Weltdeutungspraxen sein, für die moralische Fragen sicherlich auch wichtig sind, die im letzten aber existenzielle, ‚letzte‘ Fragen zu beantworten suchen. Sie sind nicht bloß der Wurmfortsatz der Moral. *Andererseits* wird dieser Rumpfversion einer nüchternen Vernunftreligion bei Kant dann wieder zu viel zugetraut, da Kant davon ausgeht, dass diese Vernunftreligion mit einer ‚praktischen Gewissheit‘ ausgestattet werden kann. Er überträgt die ‚objektive Evidenz‘ des Sittengesetzes auf die praktische Gewissheit des moralischen Glaubens. Dieser ungebrochene aufklärerische Optimismus kann angesichts der humanitären Katastrophen des 20. Jahrhunderts und der Einsicht in die Optionalität des Glaubens in pluralen Gesellschaften nicht (mehr) überzeugen.

Ein drittes, genuin theologisches Problem der kantischen Argumentation könnte zudem darin liegen, dass es sich Kant in seiner Bestimmung Gottes zu einfach macht und ihn mit sehr konventionellen Eigenschaften ausstattet. Saskia Wendel sieht hier ein zentrales Problem von Kants Version der Postulatenlehre:

> „Kant setzte gänzlich unhinterfragt in seinem Gottesverständnis einen klassischen Theismus voraus: Gott ist Schöpfer, Erhalter und Vollender der Welt, ausgestattet mit Prädikaten wie Allmacht und Allwissenheit. In Anspruch genommen wird hier also ein traditionelles, personal genanntes Gottesbild; hier erweist sich der angebliche ‚Alleszermalmer‘ als höchst konventioneller Denker.“[34]

Daher ist die theologische Frage nach der konkreten Ausgestaltung der kantischen Rede von Gott ein Überhangproblem der Postulatenlehre, und dies betrifft zentrale Teile der Gotteslehre: Kant übernimmt zu unkritisch einen klassischen Theismus und problematisiert Fragen nach der Handlungsfähigkeit Gottes oder der Gott-Welt-Beziehung

---

[34] Wendel, Die Unausdenkbarkeit der Verzweiflung, 144. Zudem erscheint es problematisch, dass Kant relativ umstandslos die jenseitige Erlösung der eschatischen Subjekte durch Gott voraussetzt, ohne auf die notwendigen intersubjektiven Prozesse des Verzeihens und Vergebens von Opfern und Tätern untereinander einzugehen – vgl. zu dieser Problematik auch Julian Tappen, Hoffen dürfen. Fundamentaleschatologische Überlegungen zu einer zeitgemäßen Eschatologie der Versöhnung (ratio fidei; 74), Regensburg 2021, bes. 151–157. Tappen hält zurecht fest, dass Kant „die Schuldhaftigkeit der Glücksunwürdigkeit allein als Gegenstand einer Beziehung des Schuldigen und Gottes ausmacht und dabei an dieser Stelle die interpersonale Dimension von Versöhnung außer Acht lässt.“ (Ebd., 153).

nicht hinreichend. Dies kann man nicht unbedingt Kant selbst zum Vorwurf machen, da diese Rückfrage aus der Perspektive der zeitgenössischen Theologie formuliert ist, aber diese Rückfrage sollte bei einer Aktualisierung der kantischen Argumentationsform für ein zeitgemäßes Argumentarium für die Rationalität des Gottesglaubens Berücksichtigung finden.

Als Zwischenfazit lässt sich daher festhalten: Die kantische Postulatenlehre lässt sich nicht eins-zu-eins auf die Gegenwart übertragen, wenn es um eine rationale Verantwortung des religiösen bzw. christlichen Glaubens in der Gegenwart geht.[35] Zugleich ist aber die zugrundeliegende Argumentationsfigur so vielversprechend, dass eine philosophische Theologie schlecht beraten wäre, einer kantischen Postulatenlehre nur aufgrund dieser Engführung im Ganzen den Laufpass zu geben. Daher kommt es in meinen Augen darauf an, die kantische Postulatenlehre so zu transformieren, dass ihre zeitgenössische Relevanz klarer formuliert werden kann. Worin aber besteht die bleibende Aktualität der kantischen Argumentationsfigur, und wie könnte man die berechtigten Einwände in die Architektonik einer praktischen Metaphysik einbauen?

3.2 Fortschreibungen der Postulatenlehre

Abschließend möchte ich skizzieren, wie – auf den Schultern Kants – eine zeitgemäße philosophische Theologie konzipiert werden könnte, die die Argumentationsstruktur der Postulatenlehre übernimmt,

[35] Jenseits dieser theologisch eingefärbten Einwände ließe sich auch philosophisch zurückfragen, ob Kants Argument nicht genau den falschen Schluss zieht: Statt, wie Kant, das ‚Sollen-impliziert-Können' – Axiom so zu lesen, dass die Pflicht zur Beförderung des höchsten Gutes das Postulat der Existenz Gottes erforderlich macht, weil der Mensch diese Pflicht sonst nicht erfüllen kann, könnte man auch einfach bestreiten, dass die Beförderung des höchsten Gutes eine Pflicht ist. Dies ist einer der zentralen Einwände, die Habermas gegen die Postulatenlehre erhebt: „Die Postulatenlehre verdankt sich der Einführung einer problematischen Pflicht, die das Sollen so weit über das menschliche Können hinausschießen lässt, dass diese Asymmetrie mit der Erweiterung des Wissens um den Glauben geheilt werden muss." (Jürgen Habermas, Die Grenze zwischen Glauben und Wissen, in: Ders., Zwischen Naturalismus und Religion, Frankfurt a. M. 2005, 216–157, hier: 235). Dass dieser Einwand das kantische Argumentationsziel verfehlt zeigt hingegen Rudolf Langthaler, Führt Glaube unumgänglich zur Religion? Zur Kritik der Kantischen Religionsphilosophie bei Jürgen Habermas – eine Entgegnung, Freiburg – München 2021.

ohne die Engführung auf eine deontologische Moraltheorie als größeren Rahmen der Begründung des Gottesglaubens zu teilen. Es gibt in meinen Augen *drei* Stellschrauben, an denen eine kantische Postulatenlehre modifiziert werden und damit für das Projekt der philosophischen Rechenschaft über den religiösen Glauben auch heute relevant sein kann.

Das *erste* zentrale Potenzial einer kantisch inspirierten philosophischen Theologie besteht darin, dass Kants grundlegende Argumentationsfigur Pate für eine Denkform stehen kann, die – wie schon erwähnt – auch als ‚Metaphysik der Lebensdeutung' bezeichnet werden kann. Eine solche ‚Metaphysik der Lebensdeutung' ist nicht zeitenthoben, sondern in einer konkreten Lebenspraxis verwurzelt. Auch wenn Kant selbst die Tragweite der Historisierung der ‚praktischen Metaphysik' vielleicht noch nicht hinreichend berücksichtigt hat, findet eine kontextsensible Metaphysik reichhaltigen Wurzelgrund in der kantischen Postulatenlehre. Zugleich bedarf es einer existenzialanthropologischen Wendung[36] der Postulatenlehre: Es geht nicht nur um moralische Ansprüche, die das individuelle Subjekt überfordern und daher um die Postulate Gottes und der Unsterblichkeit der Seele ergänzt werden müssen, sondern um die existenzielle Grundsituation des Menschen im Ganzen. Die Frage ‚Was soll ich tun' ist untrennbar mit der Frage ‚Was darf ich hoffen' verbunden, und zwar, in den Worten Saskia Wendels, „[n]icht nur um der anvisierten Einheit von Tugend und Glückseligkeit im höchsten Gut und deren Realisation willen, sondern um der Vermeidung der einseitigen Auflösung der melancholischen Spannung zwischen der Sehnsucht nach Glück und Vollendung und dem Wissen um die eigene Endlichkeit und um die leidvolle Existenz in das Gefühl der Verzweiflung und in die Deutung der Existenz als zutiefst absurd hinein. [...] Vor dem Hintergrund jener Unausdenkbarkeit der Verzweiflung ist sowohl Kants Glaubensverständnis als auch die Postulatenlehre zu interpretieren."[37] Die existenzielle Kluft zwischen

---

[36] Diesen Ausdruck entlehne ich LANGTHALER, Geschichte, Ethik und Religion im Anschluss an Kant, Bd. 2, 29.

[37] Vgl. WENDEL, Die Unausdenkbarkeit der Verzweiflung, 136. Vgl. in der existenzialen Analyse des Daseins des Menschens auch ähnlich MAGNUS LERCH, Wenn ohne Gott nichts fehlt: religiöse Indifferenz, in: IKaZ Communio 50 (2021) 4–21, hier: 18: „Wie gehen wir mit der Erfahrung um, dass das Gelingen unserer Handlungen unverfügbar ist? Wie gehen wir damit um, dass wir die Anerkennung

der eigenen Unzulänglichkeit und der Bedürftigkeit nach umfassender Verwirklichung des eigenen Selbst bedingen ein ständiges existenzielles Gefälle, das man theologisch auch als *Erlösungsbedürftigkeit* bezeichnen kann.[38]

Diesem Bedürfnis nach einer letzten existenziellen Orientierung kann im Rahmen einer praktischen Metaphysik im Besonderen Rechnung getragen werden. In einer praktischen Metaphysik hat der religiöse Glaube eine unaufgebbar performative Dimension: Aussagen über Gott sind keine *Repräsentationen* einer transzendenten Realität, sondern Ausdruck dessen, was religiöse Menschen in ihrer Lebenspraxis deutend in Anspruch nehmen und als Wirklichkeit postulieren. Das Zentrum einer religiösen Lebensform ist nicht das theoretische Fürwahrhalten von kosmologischen Aussagen – dies käme einer Sicht gleich, die religiöse Überzeugungen an das Wissen angleicht. Mit Kant aber soll das Wissen aufgehoben (wohlgemerkt: nicht beiseite- oder abgeschafft!) werden, damit die Eigenart von Glaubensüberzeugungen allererst in den Blick geraten kann. Damit ebnet Kant den Weg für eine pragmatistisch und diskurstheoretisch formatierte Glaubensverantwortung, die den Fokus auf das kommunikative Handeln religiöser Subjekte legt – in den Worten Thomas M. Schmidts:

> „Die transsubjektive Geltung, die wir unseren Überzeugungen, also auch den religiösen zuschreiben, wurzelt nicht in einer objektiven Realität, die uns interpretationsfrei, jenseits konkreter Lebens- und Sprachgemeinschaften zugänglich wäre. Die Gültigkeitsunterstellungen moralischer, ästhetischer und religiöser Aussagen beziehen sich nicht auf eine objektive Welt von Sachverhalten, sondern auf die gemeinsame Erfahrungswelt kommunizierender Lebewesen.“[39]

---

und Liebe, die wir dem Anderen wünschen und für uns selbst erhoffen, nur vorläufig realisieren können? Wie gehen wir damit um, dass wir das Unabgegoltene der Geschichte, um es solidarisch erinnern zu können, auch aushalten müssen, d. h. das Vermissen der Versöhnung wachhalten müssen? So tief diese Fragen das Ureigene und Innerste des Menschen betreffen – so nah kann uns auch die Frage nach Gott sein.“

[38] Eine existenzialistisch eingefärbte Analyse einer solchen Erlösungsbedürftigkeit des Menschen legt auch Aaron Langenfeld vor (vgl. Aaron Langenfeld, Das Schweigen brechen. Christliche Soteriologie im Kontext islamischer Theologie [Beiträge zur Komparativen Theologie; 22], Paderborn 2016, 155–181).

[39] Thomas M. Schmidt, Let’s talk about … Analyse und Kritik religiöser Rede,

Dies gilt wohl auch für die existenzhermeneutische Dimension der Religion, die ja gerade dann an existenzieller Relevanz verlieren würde, wenn der Glaube an Gott und ein Leben nach dem Tod eine Sache des abschätzbaren und evidenzbasierten Wissens würde, wie Volker Gerhardt herausstellt: „Nur der nicht beweisbare Gott kann eine existenzielle Herausforderung für den Menschen sein. […] Tatsächlich kann Gott nur dadurch, dass er keine feste Größe des Wissens ist, zu einer praktisch wirksamen Macht des Daseins werden.“[40]

Diese existenziale Transformation der kantischen Postulatenlehre führt zu einer *zweiten* Fortschreibung einer auf Kant sich berufenden, gewissermaßen ‚postulatorischen Theologie‘: Sie kann sich nicht auf die *apriorische* objektive Evidenz des Sittengesetzes zurückziehen, sondern muss sich in *konkreten* Kontexten verorten. Praktische Vernunft drängt dazu, auch wirklich praktisch zu werden und im konkreten Handeln die Wirklichkeit Gottes postulatorisch zu setzen. In einer klassischen Formulierung von Johann Baptist Metz: „Der christliche Gottesgedanke ist aus sich selbst ein praktischer Gedanke. […] Für jede Christologie gilt, dass Christus immer so gedacht werden muss, dass er nie nur gedacht ist. Jede Christologie nährt sich, um ihrer eigenen Wahrheit willen, aus Praxis: aus der Praxis der Nachfolge.“[41] Die göttliche Wirklichkeit wird daher insbesondere im solidarischen Handeln untereinander erschlossen und durch die Praxis des Eintretens für Marginalisierte und Entrechtete – d. h., die Praxis der Nachfolge Jesu – als reale Möglichkeit gesetzt. Es ist der religiöse Vollzug selbst, dessen Performanz den Schluss auf Propositionen wie ‚Gott existiert und ist wesenhaft den Menschen zugewandte Liebe‘ ermöglicht. Insbesondere das von Walter Benjamin oder auch Max Horkheimer eingeklagte Erzählen der Geschichte nicht aus der Perspektive ihrer Sieger, sondern ihrer Opfer bietet eine vielversprechende Spur, auf der eine kantische Postulatenlehre modifiziert fortgeführt werden könnte. Und Benjamin setzt ja, im Gegensatz zu Horkheimer, tatsächlich die *Unabgeschlossenheit* der

in: Hans-Joachim Höhn et al. (Hg.), Analytische und Kontinentale Theologie im Dialog (QD; 314), Freiburg i. Br. 2021, 63–83, hier: 74.

[40] Gerhardt, Immanuel Kant, 289.

[41] Johann Baptist Metz, Glaube in Geschichte und Gesellschaft, in: Ders., Im dialektischen Prozess der Aufklärung (Gesammelte Schriften, Bd. 3/1), Freiburg i. Br. 2016, 48.

Geschichte, die in seinem Konzept der ‚Jetztzeit' eine ‚schwach messianische Kraft' entfaltet.[42]

Wenn man Kant also mit Benjamin und der Kritischen Theorie fortschreibt, ergibt sich eine Perspektive für die ‚Opfer der Geschichte', die ihr Leben gegeben haben für die Freiheit, die Demokratie, die Religionsfreiheit.[43] Besteht hier nicht eine (schon nahezu moralisch qualifizierte) Aufforderung, um der Hoffnung der Erlösung dieser Opfer der Geschichte willen die Existenz einer rettenden Gerechtigkeit Gottes zu postulieren? Der religiöse Glaube würde durch die Perspektive für die Opfer der Geschichte eine Sinnbedingung des Strebens nach wirklich nachhaltiger Gerechtigkeit bereitstellen, wie auch Johann Baptist Metz im Anschluss an Walter Benjamin herausstellt:

> „Wo sich unser gesellschaftlich anerkanntes Wissen ausschließlich von der fiktiven Totalität einer subjektlosen Evolution leiten lässt, wird nicht nur Gott schlechthin undenkbar, sondern es schwindet auch konsequenterweise das Interesse an universaler Gerechtigkeit, d. h. an einer Gerechtigkeit, die auch die Opfer und die Besiegten der Geschichte einschließt, zu Lasten derer wir heute noch leben und unsere Paradiese bauen und an deren Schicksal doch kein noch so leidenschaftlicher Kampf der Lebenden verändernd rühren kann."[44]

Damit ist noch nicht gesagt, dass eine religiöse oder theistische Selbst- und Weltdeutung eine *notwendige* Bedingung für das Handeln für eine bessere Zukunft ist. Aber es ist gezeigt, dass ein gewisses Vertrau-

---

[42] Vgl. dazu auch ausführlich Rediker, Die Fragilität religiöser Hoffnung, 46–56.

[43] Vgl. für eine Rekonstruktion der vielfältig wiederkehrenden Motive der kantischen Postulatenlehre in der Kritischen Theorie auch Rudolf Langthaler, Zum zwiespältigen Verhältnis der Kritischen Theorie zur ‚Religion'. Ein Blick auf Benjamin, Adorno und Horkheimer, in: Franz Gruber/Ansgar Kreutzer/Andreas Telser (Hg.), Verstehen und Verdacht. Hermeneutische und kritische Theorie im Gespräch, Ostfildern 2015, 193–211.

[44] Johann Baptist Metz, Unterwegs zu einer nachidealistischen Theologie, in: Ders., Im dialektischen Prozess der Aufklärung (Gesammelte Schriften, Band 3/2), Freiburg i. Br. 2016, 125–142, hier: 133. Vgl. auch ähnlich Wendel, In praktischer Hinsicht das Leben als Ganzes deuten, 113: „Hoffnung gilt nicht nur den Siegern, den Durchgekommenen der Geschichte, sondern auch den Opfern, denen, die auf der Strecke geblieben sind und von einem gesellschaftlichen bzw. universalen Überschreiten des status quo in der Zukunft nicht profitieren würden, selbst wenn es sich einstellte."

en in und eine gewisse Hoffnung auf eine gelingende Zukunft eine solche Bedingung des Handelns ist – halte ich das Leben des Einzelnen für gleichgültig und die Zukunft ohnehin für verloren, ist jeglicher Akt der Weltverbesserung ein sinnloser Akt. Mit jedem moralischen Akt, mit jedem Akt der Weltverbesserung postulieren wir also die Möglichkeit einer nachhaltig guten Zukunft und nehmen *performative Sinnunterstellungen* vor. Dies hat auch *Onora O'Neill* in ihrer Rekonstruktion der kantischen Postulatenlehre verdeutlicht:

> „Anstatt die Hoffnung im Glauben zu begründen, stellt Kant die Basis des Glaubens als eine Form der Hoffnung dar. […] Der überzeugendste Gedankenschritt Kants besteht zweifellos in der Behauptung, dass wir uns bereits auf irgendeine Zukunft festgelegt haben müssen, sobald wir uns entschließen, irgendeine Handlung auszuführen. […] Das wird deutlich, wenn wir uns überlegen, was es bedeuten würde, mit der Vorstellung zu leben, es gäbe keine Zukunft: völlige Verzweiflung würde jede Festlegung erschüttern und unser Handeln im Keim ersticken.“[45]

Diese Notwendigkeit auf die Festlegung einer nachhaltig gelingenden Zukunft muss nicht zwingend religiös gedeutet werden, da auch säkulare und immanente Deutungsperspektiven eine solche Möglichkeit eröffnen könnten. Sie *kann* aber durchaus religiös gedeutet werden, da eine Forderung einer christlichen Lebenspraxis darin besteht, ein von Gott zugesagtes ‚Leben in Fülle' auch im Diesseits zu antizipieren. Es ist wichtig zu sehen, dass eine solche Perspektive der Hoffnung nicht nur ein motivationales Defizit der autonomen Moral aufwiegt, sondern für die Kohärenz der Moral selbst ein transzendenter Sinnhorizont unabdingbar ist. Erneut mit O'Neill gesprochen: „Kant will nicht nur zeigen, dass das Fehlen von Hoffnung aus psychischen Gründen schwer zu ertragen ist, sondern dass es schlichtweg eine Inkohärenz darstellt – es sei denn, dass das Handeln und die Moral als solche aufgegeben würden.“[46]

Ein *drittes* theologisches Potenzial der kantischen Argumentationsfigur besteht darin, einen Mittelweg zur Lösung des Realismus-

---

[45] Onora O'Neill, Vernünftige Hoffnung. Tanner Lecture 1 über Kants Religionsphilosophie, in: Ludwig Nagl (Hg.), Religion nach der Religionskritik, Wien 2003, 86–110, hier: 102f.

[46] Ebd., 104.

problems zu bieten. Mit Kant ist ein metaphysischer Realismus, nach dem Aussagen über Gott letztlich auf *Tatsachenbeschreibungen* hinauslaufen, die Bestandteil des menschlichen Wissens sein können und daher von der theoretischen Vernunft verantwortet werden, nicht möglich – die oben rekonstruierte Argumentationsfigur läuft ja gerade darauf hinaus, Glaubens- und Wissensüberzeugungen zu differenzieren und die Rechtfertigung des religiösen Glaubens als praktisch-vernünftiges Geschäft zu verstehen. Damit ist jedoch nicht einfach die Gegenposition eines *Anti-Realismus* eingenommen, die davon ausgehen würde, dass Gott eine *Konstruktion* des menschlichen Verstandes ist. Kant verwehrt sich gegen eine solche Verlagerung der (göttlichen) Wirklichkeit in das Innenleben des Subjekts und hält an der subjektunabhängigen Existenz der Außenwelt durch die Annahme des ‚Dings-an-sich' fest. Für die Gottesfrage gilt für Kant daher, mit *Sebastian Maly* gesprochen:

> „Aus der Tatsache, dass wir uns den Begriff von Gott im Sinne des *Vornehmen Tons* ‚selbst machen' bzw. wir uns bezüglich des höchsten Wesens einen symbolischen Anthropomorphismus erlauben, folgt bei Kant nicht, dass wir uns die Existenz Gottes gewissermaßen vormachen, sondern lediglich, dass unsere Erkenntnis Gottes vor dem Hintergrund der Möglichkeiten unserer Erkenntnisvermögen zu verstehen ist."[47]

Maly sieht das theologische Potenzial der kantischen Position darin, einen Mittelweg zwischen einem Anti-Realismus und einem naiven Realismus zu bahnen, den er als „moderaten theologischen Realismus"[48] bezeichnet. Dieser wahrt die ontologische Unabhängigkeit der göttlichen Wirklichkeit vom Erkenntnissubjekt, ohne die Erkennbarkeit der göttlichen Wirklichkeit als ein theoretisches Unterfangen zu betrachten und sie damit doch wieder von jeglicher Lebenspraxis abzukoppeln.[49]

---

[47] Sebastian Maly, Kant über die symbolische Erkenntnis Gottes (Kantstudien; 165), Berlin – Boston 2012, 418.

[48] Ebd., 425.

[49] Eine ähnlich gelagerte Antwort auf das theologische Realismusproblem entwickle ich ausführlich in Martin Breul, Praktische Metaphysik und rationale Glaubensverantwortung. Kantischer Pragmatismus und die Relevanz der Metaphysik für die gegenwärtige Theologie, in: ZTP 144 (2022), 22–42.

Zugleich hat, *viertens und letztens*, ein aktualisierter ‚praktischer Vernunftglaube‘ auch vielversprechende Konsequenzen für das Spannungsfeld von Religion und Politik: Wenn der Erkenntnismodus des ‚Glaubens‘ ernstgenommen wird, dann kann mit religiösen Überzeugungen keine theoretische, gewissermaßen ‚objektive Gewissheit‘ einhergehen. Eine an Kant orientierte philosophische Theologie erlaubt zwar einen durchaus starken Begründungsanspruch, da sie gute Gründe für religiöse Selbst- und Weltdeutungen formulieren und die Rationalität der christlichen Hoffnung damit auch philosophisch begründen kann. Es bleibt aber die vernünftige Rechtfertigung einer *Hoffnung*, die eines freien Aktes des *Vertrauens* bedarf, um sie sich als existenziell belangvolle Selbst- und Weltdeutung zu eigen zu machen.[50] Wenn religiöser Glaube kein Wissen ist, ist es eben *keine* Sache der *strategischen Klugheit*, gläubig zu sein oder nicht. Es ist – trotz aller vernünftigen Rechtfertigungen – eine Sache des *Vertrauens*, und eben nicht der evidenzbasierten Abwägung.

Ein solcher Verzicht auf den Anspruch theoretischer Gewissheit ermöglicht Toleranz, da die *Optionalität* der eigenen Selbst- und Weltdeutung herausgestellt wird. Dies hat die besagten Auswirkungen auf das Verhältnis von Religion und Politik: Religiöse Überzeugungen sollten in pluralistischen Gesellschaften nicht ungebrochen zur Rechtfertigung politischer Normen herangezogen werden, weil ihr epistemologischer Status des ‚Glaubens‘ sie zu Überzeugungen macht, die zwar von Anders- und Nichtgläubigen *kognitiv verstanden*, aber ohne performativen Nachvollzug des Glaubensaktes *nicht zu eigen gemacht* werden können. Es macht ja gerade einen weltanschaulich neutralen Staat aus, dass die politischen Normen, die für alle gelten sollen, auch so gerechtfertigt sind, dass sie im Prinzip von allen – also unabhängig von ihrer religiösen oder weltanschaulichen Zugehörigkeit – akzeptiert werden könnten.[51] Zugleich ermög-

---

[50] Vgl. auch Saskia Wendel, In Freiheit glauben. Grundzüge eines libertarischen Verständnisses von Glauben und Offenbarung, Regensburg 2020, 111: „Wird der Glaube als Vertrauen gekennzeichnet, so kann er wiederum in Bezug zur Hoffnung gesetzt werden – und Kant hat dies ja in seiner Bestimmung des Glaubens und in der Zuordnung der Religion zur Frage ‚Was darf ich hoffen?‘ getan. Denn wer darauf vertraut, dass – der Postulatenlehre entsprechend – durch Gott das höchste Gut und der Endzweck der Schöpfung – die Einheit von Tugend und Glückseligkeit – hergestellt wird, erhofft dies zugleich.“

[51] Dieses *Prinzip der öffentlichen Rechtfertigung* (PÖR) ist der kleinste gemeinsame

licht aber die vernünftige Rechtfertigung einer religiösen Deutungspraxis eine öffentliche bzw. politische Theologie[52], da religiöse Deutungen kein privilegiertes Sonderwissen darstellen, sondern auch von Anders- oder Nichtgläubigen in ihrem Geltungsanspruch nachvollzogen werden können.[53] Damit sind Glaubensüberzeugungen öffentlich relevant, ohne dabei schon die weltanschauliche Neutralität des liberalen Verfassungsstaats zu untergraben.[54]

Nenner liberaler und deliberativer Demokratietheorien. In einer klassischen Formulierung findet sich dieses Prinzip in John Rawls' ‚Politischem Liberalismus': „[U]nsere Ausübung politischer Macht (ist) nur dann völlig angemessen, wenn sie sich in Übereinstimmung mit einer Verfassung vollzieht, deren wesentliche Inhalte vernünftigerweise erwarten lassen, dass alle Bürger ihnen als freie und gleiche im Lichte von Grundsätzen und Idealen zustimmen, die von ihrer gemeinsamen menschlichen Vernunft anerkannt werden." (JOHN RAWLS, Politischer Liberalismus, Frankfurt a. M. 1998, 223). Diese Grundidee haben auch die Verteidiger deliberativer Demokratietheorien aufgenommen; vgl. dazu RAINER FORST, Das Recht auf Rechtfertigung. Elemente einer konstruktivistischen Theorie der Gerechtigkeit, Frankfurt a. M. 2007; JÜRGEN HABERMAS, Faktizität und Geltung. Beiträge zur Diskurstheorie des Rechts und des demokratischen Rechtsstaats, Frankfurt a. M. 1992.

[52] Vgl. dazu auch die Arbeit von ANDREAS TELSER, Theologie als öffentlicher Diskurs. Zur Relevanz der Systematischen Theologie David Tracys, Innsbruck – Wien 2016; sowie ferner als Überblick über die Entstehung und Reichweite des Begriffs in der protestantischen Theologie FLORIAN HÖHNE, Öffentliche Theologie. Begriffsgeschichte und Grundfragen, Leipzig 2015.

[53] Die Frage, inwiefern das PÖR religiöse Rechtfertigungen automatisch ausschließt und in der politischen Öffentlichkeit beschränkt, ist Gegenstand einer breiten Debatte geworden. Patrick Zoll verteidigt beispielsweise die Auffassung, dass das PÖR und die Rechtfertigung politischer Normen auf der Basis ‚objektiv wahrer' Konzeptionen des guten Lebens miteinander verträglich sind (vgl. PATRICK ZOLL, Perfektionistischer Liberalismus. Warum Neutralität ein falsches Ideal in der Politikbegründung ist [Praktische Philosophie; 89], Freiburg – München 2016). Andere Auffassungen sind etwas restriktiver und plädieren dafür, religiöse Überzeugungen nicht in Kontexten der Rechtfertigung von politischen Normen, wohl aber in vielfältigen anderen öffentlichen und politischen Kontexten einzubringen (für diese These argumentiere ich ausführlich in MARTIN BREUL, Religion in der politischen Öffentlichkeit. Zum Verhältnis von religiösen Überzeugungen und öffentlicher Rechtfertigung, Paderborn 2015).

[54] Vgl. für eine ausführliche Analyse der diversen Funktionen, die religiöse Überzeugungen jenseits einer rechtfertigenden Funktion in politischen und öffentlichen Diskursen haben können, auch BREUL, Religion in der politischen Öffentlichkeit, 216–226.

4. Fazit

In diesem Text habe ich die zeitgenössische Relevanz der kantischen Postulatenlehre untersucht, indem ich ihre Chancen und Grenzen für eine philosophische Theologie in der Gegenwart analysiert habe. Die Rekonstruktion der kantischen Postulatenlehre lief im Wesentlichen auf zwei Aspekte hinaus: *Erstens* lässt sich mit Kant eine Auffassung kritisieren, die Glaubens- mit Wissensüberzeugungen identifizieren möchte. Ausdrücke wie ‚Gott‘, ‚Seele‘, ‚Freiheit‘ oder ‚Welt‘ sind Begriffe, die von der theoretischen Vernunft zwar geformt werden können, über deren Sinnhaftigkeit und Realitätsbezug die theoretische Vernunft aber keine methodisch verantworteten Urteile fällen kann. Damit ist, *zweitens*, das Projekt einer rationalen Verantwortung des Glaubens allerdings nicht erledigt, im Gegenteil: Kant entwickelt einen ‚praktischen Vernunftglauben‘, demzufolge die Annahmen der Existenz Gottes und der Unsterblichkeit der Seele ein Erfordernis der moralischen Praxis selbst sind. Daher lässt sich die Existenz Gottes zwar *nicht theoretisch beweisen*, aber doch *praktisch postulieren* – wäre Gott nicht, dann würde die Vernunft im Ganzen in Frage stehen (und für Kant damit auch: die moralische Praxis des Menschen). Da dies nicht möglich ist, behauptet Kant, dass der Glaube an Gott und die Unsterblichkeit der Person praktisch-vernünftig rechtfertigbar ist. In diesem Sinne ist auch das einleitende Zitat ‚Ich musste also das Wissen aufheben, um zum Glauben Platz zu bekommen‘ zu verstehen – erst wenn die Eigenart von Glaubensüberzeugungen in den Blick kommt (d. h. sie zwar als propositional verfasst, nicht aber als Gegenstand möglichen Wissens gelten), bekommt man ‚Platz‘ zum Glauben – als Deutungspraxis der eigenen (moralischen) Existenz.[55]

Im Anschluss an diese Rekonstruktion habe ich – gewissermaßen auf den Schultern Kants – die Perspektive einer ‚Metaphysik der Lebensdeutung‘ eröffnet, die primär auf die vernünftige Rechtfertigung

---

[55] Vgl. dazu auch Rudolf Langthaler, ‚… um zum Glauben Platz zu bekommen‘. Gestalten und Variationen des ‚Vernunftglaubens‘ bei Kant, in: Natur und Freiheit. Akten des XII. Internationalen Kant-Kongresses, hg. Violetta Waibel et al., Berlin – Boston 2018, 233–264, hier: 235: „Dies [der praktische Vernunftglaube, M.B.] zielt demnach gleichermaßen auf eine kritische Legitimation wie auch auf eine Begrenzung von Glaubensansprüchen und bedeutet natürlich nicht zuletzt, den Glauben vor falschen epistemischen Ansprüchen zu bewahren und ihm als ‚Vernunftglauben‘ sein spezifisches Profil zu verleihen.“

von religiösen Deutungs-*Praxen* abzielt. Glaube kommt dann als praktische Lebensform, als Praxis der ganzen Person, nicht als rein theoretisches Fürwahrhalten metaphysischer Satzwahrheiten in den Blick. Dabei ist die kantische Sprache – also die Rede von Glückswürdigkeit, objektiver Evidenz des Sittengesetzes, der Pflicht zur Beförderung des höchsten Guts, etc. – sicher in eine Sprachform zu übersetzen, die im etwas 21. Jahrhundert anschlussfähiger ist. Auch die kantische Fokussierung auf moralische Ansprüche könnte erweitert werden um eine existenzielle Dimension, da nicht nur die Moral dazu führen kann, die Existenz Gottes zu postulieren. Glaube erweist sich dann als eine vernünftig begründbare Form des Umgangs mit der – aus immanenter Perspektive stets absurd bleibenden – existenzialen Grundsituation des Menschen. Trotz dieser Modifikationen gilt aber abschließend: Die zugrundeliegende *postulatorische Argumentationsstruktur* ist der vielversprechendste Weg, um in einer performativen und politisch sensiblen Erschließung metaphysischer Fragen das Projekt der vernünftigen Rechtfertigung des religiösen und näherhin des christlichen Glaubens zu betreiben.

Kommentare

Postulat oder Ereignis? Begründungspflichten postulatorischer Argumente (Sarah Rosenhauer)

Der grundsätzlichen These und Stoßrichtung des Arguments aus der praktischen Vernunft kann ich nur entschieden zustimmen: Der überzeugendste und argumentativ nachhaltigste Grund für den Glauben an Gott ist kein theoretisch-deskriptiver, sondern ein praktisch-normativer. Nicht eine theoretische Abwägung über theoretische Prinzipien, sondern der aus unseren täglichen Praktiken nicht wegzudenkende Wunsch nach Gelingen: dem Gelingen unseres eigenen Lebens und dem der Wirklichkeit als Ganzer oder: die Hoffnung auf ein Leben in Fülle, das herzustellen unsere Fähigkeiten prinzipiell überschreitet und das um willen der Nichtabsurdität unserer Existenz (oder: der Möglichkeit von Gerechtigkeit) dennoch erhofft werden muss, genauer aber eben: sollte, ist der Ansatzpunkt für eine Plausibilisierung des Gottesgedankens – des Gedanken Gottes als einer Wirklichkeit, die diese Hoffnung wahr machen kann.

Gerade dieser aporetische Ausgangspunkt: Wir hoffen mehr als wir können, wir hoffen quasi über unsere Vermögen hinaus und dies nicht (nur), weil wir uns in infantiler Unersättlichkeit gehen lassen, sondern weil es ethisch geboten ist, scheint mir nun einerseits die Überzeugungskraft der kantischen Argumentation auszumachen und zugleich zu erfordern, noch (weit) mehr als Breul es tut, über Kant hinauszugehen.

Denn zwar fordert Breul – völlig zu Recht – eine Relativierung des epistemischen Status und damit Geltungsanspruchs der Postulatenlehre und ihre existenzialanthropologische und politische Sensibilisierung und Erweiterung. Aber (seltsamerweise) wird das in der Postulatenlehre vorausgesetzte Vernunftvertrauen und Aktivitätsmonopol des autonomen Subjekts durch die aporetische Konstellation des Gelingens (wir brauchen dafür mehr, als wir leisten können) nicht irritiert.

Die aporetische Irritation betrifft zunächst die philosophischen Begriffe der Vernunft und der Freiheit: Wenn es sich, wie Kant ja herausstellt, um Vermögen handelt, die das Gelingen ihrer Vollzüge nicht aus sich heraus herzustellen imstande sind, müssen sie dann nicht so gedacht werden, dass sie innerlich geöffnet sind auf ein Anderes ihrer selbst? Die praktische Freiheit der Selbstführung gemäß vernünftiger Normen muss, weil sie zu dem Gelingen ihrer Vollzüge mehr braucht als eben dieses Vermögen, aus der aktivischen Engführung befreit und in ihren produktiv-transgressiven Passivitätsdimensionen gewürdigt werden. Gewürdigt in dem Sinn, dass eben diese Passivität nicht als anti-autonom gebrandmarkt wird, sondern als das begriffen, was Autonomie aus ihrer Selbstreduktion auf Herrschaft befreit und über ihre Möglichkeiten hinausträgt. Tut man das nicht, dann muss jede Form nicht selbstgesetzter, nicht in der Eigenaktivität des Subjekts begründeter Wirkung als Heteronomie wahrgenommen werden.

Das bringt aber die gesamte auf der praktischen Vernunft aufbauende Begründungsfigur in ernste Schwierigkeiten. Denn an der Frage, wie die Freiheit des Menschen und ein Handeln Gottes zusammen zu denken sind, kommt auch eine postulatorische Glaubensbegründung nicht wirklich vorbei.

Wenn man Gott als den denkt, der Gelingen über das uns Mögliche hinaus möglich macht, wie können wir uns diese Leistung Gottes, emphatisches Gelingen (Leben in Fülle) zu schenken und unsere Hoffnung auf emphatisches Gelingen so wahr zu machen, konkret vorstellen? Muss man Gott dann nicht so denken, dass er immanent, in und an unserer Freiheit, wirksam ist?

Denkt man Gott als nicht immanent, sondern „nur" eschatologisch wirksam, als „nur" eschatologisch auf die völlig autonom getroffenen Urteile und Freiheitsentscheidungen der Menschen reagierend, führt dies in die schwierige Situation, dass Gott entweder so erfüllt, dass er universelles Gelingen setzt, unabhängig davon, was Menschen in ihrem Leben so getan haben und also an ihrer Freiheit vorbei. Im besten Fall bleibt den Menschen dann die Freiheit der Wahl gegenüber einer ihr äußerlich vorgegebenen Erfüllungsmöglichkeit, im schlimmsten Fall gar keine. Oder aber man denkt das Erfüllungshandeln Gottes so, dass es nicht an der Freiheit des Menschen vorbei geht und es eine Form eschatologischer Interaktion von Gott und Mensch gibt. Damit verlagert man die Frage nach einer Wirksamkeit Gottes an und in der Freiheit des Menschen aber nur ins Eschaton.

In beiden Fällen ergibt sich meines Erachtens eine Begründungspflicht: Wenn ich Gott als den einführe, durch dessen Existenzannahme die Möglichkeit emphatischen Gelingens denkbar wird, dann muss ich auch sagen, wie ich mir das Zustandekommen dieses Gelingens vorstelle und die damit verbundenen Implikationen ontologischer, freiheitstheoretischer etc. Art ebenfalls plausibilisieren. Die Begründung des Glaubens an Gott kann sich deshalb nicht den schlanken Fuß einer bloßen Postulatenlehre machen.

Und: In beiden Fällen – dem der Annahme immanenter und dem der Annahme eschatologischer Interaktion zwischen Gott und Mensch – wird man mit einem aktivisch enggeführten Vermögens- bzw. Freiheitsbegriff nicht weit kommen. Denn ein Wirken Gottes in der Freiheit des Menschen ist dann heteronom, ein Wirken ihr gegenüber reduziert die menschliche Freiheit auf indifferente Wahlfreiheit.

Ist die Vernünftigkeit des Glaubens ein gutes Argument für die Wirklichkeit Gottes? (Aaron Langenfeld)

Immer wieder ist der Religionsphilosophie Kants und seiner Nachfolger*innen vorgeworfen worden, dass sie die Idee einer Religion entwerfe, in der es nicht mehr um die Erfahrung einer letzten existenziellen Verlässlichkeit des im Glauben bezeugten Gottes, sondern um die Selbstverständigung und Selbstbegründung der Vernunft geht. In der Tat macht Kant ja auch keinen Hehl daraus, dass es ihm im Postulat Gottes zuletzt um die Vernunft der praktischen Vernunft bestellt ist. Die Leistung von Martin Breuls Verteidigung des kantischen Arguments liegt meiner Ansicht nach darin, dass er es in einer existentialen Lesart, einer „Metaphysik der Lebensdeutung" ausbuchstabiert und aufzuweisen versucht, inwiefern die Frage nach der Verlässlichkeit von Vernunft auf subjektiver und sozialer Ebene eine fundamental existenzielle ist.

Sein Argument rekonstruiert sehr eindringlich, dass die Idee Gottes nicht bloß selbstsichernde Funktion der Vernunft ist, sondern *Hoffnung* auf das, was die Vernunft eben nicht selbst einlösen kann. Das Scheitern der Vernunft an einer ihr gegenüber ‚schweigenden Wirklichkeit' (Albert Camus) ist dabei nicht zuerst Problem für den einzelnen, der mit seinem Leben nicht zurechtkommt, sondern die fundamentale Intuition der Vernunft, dass es Dinge in der Welt gibt, die schlechterdings nicht sein sollen, die für die Vernunft inakzeptabel sind. Das verschränkte Doppelpostulat der unsterblichen Seele und der Existenz eines Gottes, in dessen Macht die Überwindung der vernunftwidrigen Entzweiung von Mensch und Welt liegt, drückt in diesem Sinne nicht zuerst Hoffnung für den einzelnen, sondern Hoffnung *für alle*, für die Schöpfung insgesamt aus. In diesem Sinne stellt Breul völlig zurecht die Potenziale heraus, die der Begriff der Solidarität für diese Annäherung an den Begriff Gottes bereithält: Das Eintreten für eine letzte Vernünftigkeit der Wirklichkeit artikuliert sich ausdrücklich im Protest gegen Ungerechtigkeit und Leiden. Es ist keine – wie oft unterstellt – Flucht vor einer an sich zynischen Realität, sondern die Weigerung diesen Zynismus als das Ganze der Wirklichkeit anzuerkennen und der Versuch, die Sinnansprüche der Erfahrung rationaler Strukturen des Lebens gegen ihre Vereinnahmung als ‚letztlich absurd' zu verteidigen.

Entscheidend ist m.E. an dieser Stelle aber, dass diese Sinnansprüche nicht noch einmal aus der praktischen Vernunft ableitbar sind, sondern sich nur innerhalb der Kategorie der *Erfahrung* als begründet behaupten lassen. Diese Dimension scheint mir in Breuls Ausführungen noch zu kurz zu kommen. Er betont stark die subjektive Seite des praktischen Vollzugs, der sich in Glaube und Hoffnung begründet weiß bzw. im Begriff Gottes nach einer Begründung ausgreift und weist auch auf die Spannung hin, die sich aus der Erfahrung des Leidens ergibt. Relevant wäre aber auch die Frage, ob dem Sinnpostulat der praktischen Vernunft nicht faktisch Erfahrungen des Anerkanntseins, des Glücks und des Gelingens vorausliegen. Wäre Kants Argument für die Existenz Gottes also nicht noch stärker, würde das Tätigsein des Subjekts schon ursprünglich von seinem erfahrungsvermittelten Wirklichkeitsbezug her verstanden? So könnte nicht nur die Nichtübereinstimmung von ‚Sein' und ‚Sollen' der Wirklichkeit als Ausgangspunkt des kantischen Postulats bestimmt werden, sondern zugleich die Erfahrung des Seinsollenden als Grund des Vertrauens in die Vernünftigkeit der Wirklichkeit. Ist also die Hoffnung nicht nur dann mehr als eine Denkbedingung, wenn sie existentiell bereits erfahren ist? Ist sie nicht nur dann mehr als Kierkegaards Sprung in den Glauben, wenn sie nicht nur kontrafaktische Antizipation ist, sondern die Wirklichkeit ihr mindestens anfanghaft entspricht? Theologisch wäre hier von Gnade zu sprechen, also von der geschichtlich vermittelten Erfahrung einer letztgültig vertrauenswürdigenden Wirklichkeit, die den Glauben erst ermöglicht.

Damit bin ich bei meiner eigentlichen Frage angekommen: Rekonstruiert Martin Breuls Text eher ein Argument für die *Vernünftigkeit des Glaubens an Gott* oder *für die Wirklichkeit Gottes*? Breul macht im Horizont des ‚Realismusproblems' selbst auf diese Spannung aufmerksam und sieht das Potenzial in Kants Argumentation gerade darin, Gottes vom Denken unabhängige Wirklichkeit behaupten zu können, ohne in die Fallstricke theoretisch-metaphysischer Vernunft zu geraten. Bleibt diese denkunabhängige Wirklichkeit Gottes aber nicht eher formale Möglichkeit, wenn sie nicht an die Kategorie der Erfahrung rückgebunden wird? Ist sie als formale Sinnmöglichkeit praktischer Vernunft konzipiert, führt das Argument in der Gottesfrage vermutlich nicht viel weiter als es metaphysische Gottesbeweise tun. Ist der Glaube aber an Erfahrung der Wirklichkeit Gottes im Sinne einer Erfahrung ursprünglichen Anerkanntseins gekoppelt, die ihrerseits das Auseinanderfallen von moralischer Verpflichtung auf die Anerkennung anderer und individuellem Glück erst identifiziert und problematisiert, dann bestimmt diese nicht nur eine Möglichkeit, sondern ein Faktum, das im Glauben nur kontingenterweise gedeutet wird. Zweifelsohne ist diese Deutung dann eine konkret praktische. Nicht jenseits dieser Praxis, sondern gerade als diese ist sie jedoch zugleich reflexive Aneignung der Wirklichkeit im Begriff. In diesem Sinne wäre Gott, wenn schon nicht Gegenstand des Wissens, zumindest Grund einer Gewissheit, die durchaus auch im theoretischen Verstehen der Wirklichkeit von Bedeutung ist.

„Nicht ohne, aber auch nicht allein mit ihr" – die praktische Vernunft darf hoffen (Fana Schiefen)

Es gibt Hoffnung für die theoretische *und* praktische Vernunft. Und es gibt Hoffnung für die Gottesfrage. Die Frage nach Gott nicht mehr als Frage des Wissens, sondern als Aufgabe der praktischen Vernunft zu stellen, ist eines der Hauptverdienste der Kantischen Metaphysik-Kritik. Kritik ist hier im wörtlichen Sinne als eine wichtige Unterscheidung zu verstehen, durch die die Gottesfrage aus der theoretischen Vernunft herausgelöst, auf das Forum der praktischen Vernunft und in den Bereich der Moral überführt wird. Breul veranschaulicht diese Transformation der Gottesfrage entlang der drei Kantischen Fragen und zeigt zudem auf, dass sich die Gottesfrage nicht einfach von der Frage nach dem Wissen hin zu einer Frage des Handelns verschiebt, sondern wie sich erst durch diese Verschiebung die dritte Kantischen Frage nach der Hoffnung des Menschen als eine praktische *und zugleich* theoretische artikuliert. Aus der Antinomie der Vernunft entwickelt Kant die Lehre vom höchsten Gut und implementiert auf diese Weise eine Perspektive der Hoffnung für das moralische Subjekt.

Breul gelingt es in klaren Zügen die zentrale Weichenstellung Kants nachzuzeichnen und dabei sowohl ihr Potenzial für eine rational verantwortete Theologie herauszustellen aber auch die Grenzen der Postulatenlehre aufzuzeigen. Breul bleibt aber nicht bei den Grenzen stehen, sondern zeigt, dass es nötig ist und wie es möglich ist, jene Postulatenlehre für das 21. Jahrhundert zu aktualisieren, indem er das Kantische Programm einem „begriffliche[n] und theologisch-anthropologische[n] Update" unterzieht.

Die Prämisse, die er einem Gelingen dieser Transformation unterstellt, lautet: Die Frage nach Gott hat nur Sinn, wenn sie existentiell ist. Diese religionsphilosophische Einsicht hat auch Kant maßgeblich vorangetrieben, wenn auch noch nicht ausreichend erschlossen. Der von Kant vorgenommenen Transformation des Gotteserweises zum

Gottespostulat fügt Breul also eine weitere Transformation vom Gottespostulat zur „Metaphysik der Lebensdeutung“ hinzu. Auf diese möchte ich mich konzentrieren, da ich die Fortschreibung von Breul für sehr anschlussfähig aber auch diskussionswürdig halte. Einen „klassischen“ Kritikpunkt am Kantischen Argument greife ich dennoch auf, da er in meinen Augen auch noch für die hier vorgelegte Weiterführung relevant bleibt: Das ungebrochene Vertrauen in die menschliche Vernunft und die Optionalität des Glaubens. Während Letzteres in der hier diskutierten Fortschreibung deutlich herausgestellt wird, kommt mir Ersteres etwas zu kurz. Darauf komme ich gleich zurück.

Welche „Objekte“ kommen der praktischen Vernunft mit Blick auf die Gottesfrage also wirklich zu? Bei Kant wird die praktische Vernunft mit der existentiellen Erfahrung der Ungerechtigkeit im moralischen Handeln konfrontiert: Diejenigen, die moralisch handeln, sind nicht zwangsläufig die Glückseligen und umgekehrt. Aus dieser Erfahrung erwächst die postulatorische *Hoffnung* auf einen Gerechtigkeit bringenden Gott. Man könnte auch sagen ein Argument, das kein Wissen bringt, sondern das Hoffnung begründet.

Die „existentialanthropologische“ Transformation der kantischen Postulatenlehre führt Breul zu einer postulatorischen Theologie. In ihrem Zentrum steht die religiöse Glaubenspraxis, die die Wirklichkeit Gottes postuliert. Im Idealfall entsprechen diese Praxen den religiösen Überzeugungen und umgekehrt. Konkret christlich hieße das ja, dass aus menschlichen Praktiken abzuleiten ist, was es bedeutet, dass Gott Liebe ist. Solche Praktiken gibt es. Dort, wo Menschen sich bedingungslos verschenken und wollen, dass der andere so sein kann, wie er:sie ist. Breul zeigt ja selbst mit Verweis auf die Formulierung Benjamins, dass die Geschichte Sieger und Verlierer kennt. Um der Hoffnung der Verlierer, der Unerlösten willen, wird ein Gott postuliert. Was ergibt sich daraus für die „Jetztzeit“ (Benjamin)? Hinzukommen muss auch ein kritisches Moment der Vernunft sich selbst gegenüber. Zudem muss die aufgezeigte Hoffnungsperspektive auf eine bessere Zukunft nicht religiös gedeutet werden (wie Breul selbst anmerkt) und damit komme ich auf die Optionalität des Glaubens zurück.

Der aufgezeigte Weg von der deontologischen Ethik Kants hin zu einer diskurs- und handlungstheoretischen Verständigung über Moral erhellt und aktualisiert das oftmals missinterpretierte Verhältnis von Gottespostulat und Moralbegründung: aus der Erfahrung von Ungerechtigkeit bzw. Amoralität postuliert Kant einen Gott, der Gerechtigkeit schafft, während es für manch Anderen doch eher ein Indiz für die Nicht-Existenz Gottes ist. Bei Kant ist das moralische Subjekt die Bedingung der Möglichkeit einer rationalen Theologie. Bei Breul – fast in nachkantianischer Manier – ist es das *hoffende* Subjekt.

Auch in der Fortschreibung bleibt das Vakuum bestehen: Die Hoffnung auf (eschatologisch vollendete) Erlösung begründet noch keinen Gott, sondern zunächst einmal eine Glaubenspraxis. Auf diese Weise entgeht Breul der Versuchung, aus der Erlösungsbedürftigkeit oder einer Idealvorstellung ein Argument für Gott abzuleiten. Einen Erkenntnisgewinn für die Frage nach der Wirklichkeit Gottes entfaltet sie aber dort, wo das wechselseitige Verhältnis von Gottespostulat und Glaubenspraxis religionskritisch erhellt wird. Existenziell ernstgenommen wird diese Hoffnung, wo sie zu Widerstand und Veränderung der Verhältnisse führt und so die Möglichkeit einer anderen und besseren Welt aufzeigt und vorantreibt. Diese pragmatistisch gewendete Theologie ist eigentlich zuallererst ein Argument für die Hoffnung. Mit der kantischen Transformation ist die Existenz Gottes weder bewiesen, noch werden moralische Normen durch diese begründet. Und doch muss Theologie nach Kant an der Gottesidee festhalten und an ihr arbeiten, indem sie diese einerseits näherhin – also auch ontologisch – bestimmt und andererseits diese Bestimmungen immer wieder kritisch reflektiert und auf ihre Zutrefflichkeit hin befragt. Die sie ständig begleitende (Metaphysik-)Kritik überführt den Gottesbegriff vom Modus des Wissens in den Modus der Bewährung in Lebensvollzug und Lebensdeutung. Durch sie erhält die Idee ihren konkreten Erfahrungsort. Hier überzeugt die Rahmung einer praktischen Metaphysik, die den postulatorischen Charakter der Gottrede beibehält. Wir leben in der Annahme, dass es sinnvoll ist, so zu leben, „als ob" es Freiheit und eben auch Gott gäbe. Offen bleibt für mich noch die Frage, wie die praktische Metaphysik nochmals subjekttheoretisch eingebettet wird. Daran könnte sich entscheiden, wie stark das Selbstvertrauen in die praktische Vernunft (noch) ist und zugleich der gesuchte Diskurs mit denjenigen möglich bleiben, die ein moralisches und zugleich nicht-religiöses Leben führen wollen.

Es ist eine grundlegende Akzentverschiebung, die schon mit Kant begonnen hat und durch die sich der Glaube nicht mehr als theoretische Vernunftreflexion, sondern als „praktische Lebensform [...] der ganzen Person“ vollzieht. Die ganze Person meint also auch ihre körperliche Verfasstheit und ihre Lebensverhältnisse insgesamt. Dieser Aspekt bleibt hinter seinen praktischen und ich würde sagen auch politischen Möglichkeiten zurück. Dabei könnte sich gerade hier eine Fortschreibung der Kantischen Metaphysik nicht nur auf eine Aktualisierung der Sprachform beschränken, sondern auch ihre diesseitige politische und befreiende Kraft ausbuchstabieren und entfalten.

Ja, es gibt Hoffnung. Sie muss noch näher bestimmt werden, sowohl in ihrer Gestalt, wie auch in den Inhalten, die sie erhofft. Die christliche imprägnierte Hoffnung ist sehr konkret. In dieser Konkretion macht sie sich angreifbar, aber auch verantwortbar. Die transformierte Postulatenlehre trägt einen entscheidenden Teil zu dieser Verantwortung bei.

Der nahe Gott

Das Argument aus religiöser Erfahrung

Sarah Rosenhauer

„Der Fromme von morgen wird ein ‚Mystiker' sein, einer, der etwas erfahren hat, oder er wird nicht mehr sein."
(Karl Rahner)

1. Vorüberlegungen zum Argument

Erfahrungen spielen in der Begründung des Glaubens an Gott von jeher eine zentrale Rolle. Einmal in dem Sinn, dass sie es sind, die Menschen dazu bewegen, zu glauben. Davon zeugen schon die biblischen Erzählungen: Jona, der aus dem Bauch eines Wals gerettet werden muss, um zu glauben. Saulus, der sich zum gläubigen Paulus wandelt, nachdem ihm der Auferstandene erscheint. Die Jünger, die durch vielfältige Erfahrungen – das Fangen extrem vieler Fische, die Heilung Todkranker, die Sättigung sehr vieler durch sehr wenig, und, schließlich, die Begegnung mit dem Auferstandenen – von der Gottessohnschaft Jesu überzeugt werden müssen. Gleichsam ikonisch für die Glaubensbegründung durch Erfahrung steht aber Thomas, der sinnfällige Beweise (das Erspüren der Wundmale Jesu) fordert, um an die Auferstehung Jesu zu glauben. Gott macht sich außergewöhnlich, durch das Außergewöhnliche, im Leben der Menschen und in der Welt bemerkbar und bringt Menschen dadurch dazu, an ihn, an seine Macht, seine Liebe zu glauben.

Erfahrungen spielen in der Glaubensbegründung aber auch in dem Sinn eine Rolle, dass auf Erfahrungen verwiesen wird, um vor anderen den eigenen Glauben zu rechtfertigen. Moses muss seinen Stab in eine Schlange und wieder zurück verwandeln lassen, damit das Volk Israel ihm glaubt, dass er von Gott gesandt ist. Die Jünger erzählen von den Wundertaten Jesu, um andere davon zu überzeugen, an ihn zu glauben.

Ebenso alt, wie die Methode, ebenso alt ist auch die Kritik an diesem Vorgehen. Die biblischen Schriften sind durchzogen von der Kritik am zeitgenössischen Wunderglauben. Thomas, der erfahren will, um glauben zu können, wird der ungläubige Thomas genannt. Ein Glaube, der auf externe, äußere Beweise angewiesen ist, ist ein schwacher Glaube. Oder, noch schlimmer, er ist eigentlich gar kein Glaube, weil er sich als Wissen missversteht und damit eine, wenn nicht die wesentliche Komponente des Glaubens auslässt (sich vor ihr drückt): die Freiheit. Der Akt des Glaubens ist ein Freiheitsgeschehen, das – wie die Liebe – nicht andemonstriert, nicht erzwungen werden kann, und seien die Gründe noch so gut und noch so evident. Der Akt des Glaubens ist eben kein Erkenntnisgeschehen, das auf Evidenzen aufruht, sondern ein Akt der Selbstinvestition in ein Beziehungsgeschehen. Vor diesem Wagnis einer freien Entscheidung können wir uns nicht drücken, indem wir auf unbezweifelbare Evidenzen warten.

Und dennoch will ich Thomas recht geben. Dass der Glaube ein Freiheitsakt ist, bedeutet ja nicht, dass er ein Akt der Willkür, dass er grundlos ist. Ohne gute Gründe kommen wir nicht auf die Idee, zu glauben und ohne gute Gründe bleiben wir nicht dabei, an Gott zu glauben. Welcher Art diese Gründe sein können, sein dürfen, ist strittig. Und häufig wird das Erfahrungsargument etwas misstrauisch bis mitleidig betrachtet, eben weil es so ungehobelt und unmittelbar daherkommt – ohne elaborierte Kosmologie oder Ontologie, ohne transzendentale Analyse moralischer Praxis, ohne eine kritische Reflexion darauf, was ein interventionistischer Theismus an Folgeproblemen mit sich bringt. Aber mir scheint es nicht illegitim, mehr zu wollen, als einen theoretischen Möglichkeitsaufweis für die Existenz Gottes, um sein Leben und Streben auf ihn auszurichten.

2. *Die klassische Argumentationsform*

Das Argument für die Existenz Gottes auf der Basis religiöser Erfahrung kommt in verschiedenen Gewändern und Spielarten. Die gemeinsame Struktur der Argumente ist dabei (auf den ersten Blick) recht einfach gestrickt: Der Glaube an Gott wird unter Verweis auf Erfahrung begründet: Ich glaube, weil ich (oder glaubwürdige andere Menschen) erfahre.[1]

[1] Für einen einführenden Überblick vgl. die entsprechenden Kapitel in: WINFRIED LÖFFLER, Einführung in die Religionsphilosophie, 2. Aufl., Darmstadt 2013, 76–118.

Welche Erfahrungen es genau sind, die für die Begründung Gottes herangezogen werden, ist sehr unterschiedlich.[2] Es kann sich um außergewöhnliche Erfahrungen, wie Wunder, Visionen, Auditionen handeln. Oder um gewöhnliche Erfahrungen: Erfahrungen emotionaler Intensität, Umbrüche und radikale Lebensveränderung, etwa durch eine Geburt oder eine Konversion oder den Tod einer nahestehenden Person. Es geht um Erfahrungen, die uns in unserem Innersten betreffen – sei es ein Schmerz, sei es Dankbarkeit, sei es Liebe – und dabei empfinden lassen, dass wir nicht alleine sind, dass es eine Wirksamkeit in unserem Leben gibt, die über uns selbst und unser Machen hinausgeht. Erfahrungen von einem Selbstwerden in der Hingabe an einen anderen Menschen in einer Liebesbeziehung; davon, dass ich freier und wesentlicher werde, je weniger ich versuche, mich selbst und meine Grenzen zu wahren. Die Erfahrung einer mutigen Tat, die sich gegen gefangennehmende Gewohnheiten auflehnt und dadurch neue Räume öffnet; eine Tat, die wir vollbringen, ohne sagen zu können, woher der Mut für ihre Ausführung kam. Erfahrungen von Begegnungen, aus denen heraus sich mir wieder ein anderer Zugang zu mir selbst erschließt, die mich innere Enge überwinden lassen. Das kann eine neue Idee sein, die uns uns selbst und unser Leben neu denken und verstehen lässt, die dadurch den Horizont des Möglichen, des für möglich Gehaltenen, öffnet und ein anderes Handeln, ein anderes Leben möglich sein lässt. Aber auch Erfahrungen der Relativierung meiner Eigeninteressen durch etwas, das über mich hinausgeht, dessen Geltung mich übersteigt, das unbedingte Achtung fordert (das ich nicht übertreten darf, ohne meine eigene Würde zu verletzen). Erfahrungen auch, die uns zweifeln und verzweifeln lassen – Verlust, Schmerz, Ungerechtigkeit, Scheitern – die uns den Ernst, die Abgründigkeit, die Verletzlichkeit des Daseins spüren lassen und – kontrafaktisch – unsere Sehnsucht nach Liebe, Gerechtigkeit, Freiheit. Und es kann sich um gleichsam metaphysische, also über-sinnliche Erfahrungen handeln, (die nicht nur unser eigenes Leben, sondern die Wirklichkeit als ganze betreffen): etwa die Erfahrung von Sinnhaftigkeit, die Erfahrung, dass alles, was es gibt, einen Grund hat, dass alles, was ist, gewollt ist, dass die Welt sich nicht in ihrem Sosein erschöpft.

---

[2] Vgl. zur Typologie religiöser Erfahrungen etwa: Caroline Franks Davis, The evidential force of religious experience, New York 1989.

So vielfältig die Erfahrungen, so vielfältig die Wege, von der Erfahrung zu Gott zu kommen. Erfahrungen können als Glaubensgrund und als Glaubwürdigkeitsgrund angeführt werden: als das also, was den eigenen Glauben faktisch motiviert und begründet (Glaubensgrund) oder als das, was zur Rechtfertigung der Vernünftigkeit des Glaubens an Gott argumentativ vorgebracht wird (Glaubwürdigkeitsgrund).[3] Die Glaubwürdigkeitsbegründung durch religiöse Erfahrung hat unterschiedliche Formen. Im so genannten *evidential argument* wird eine sinnliche Erfahrung als direkte Gotteserfahrung verstanden: als eine Art Gotteswahrnehmung – etwa in Form von Auditionen (Gott spricht zu einem) oder intensiver Gefühle, die als ‚Berührungen' Gottes verstanden werden.[4] Das evidential argument fußt begründungslogisch auf einer subjektiv-erstpersönlichen Evidenz(wahrnehmung). Im *inferential argument* wird von Erfahrungen auf Gott als deren beste kausale Erklärung geschlossen.[5] Gottes Existenz wird begründet unter Verweis auf Erfahrungen, die nur (oder am besten) durch Gott erklärt werden können (weil sie immanent nicht herstellbar und also erklärbar sind: weil sie die Naturgesetze durchbrechen, weil sie von einer besonderen Qualität oder Intensität sind, die sich rein immanent nicht ableiten oder erklären lässt). Man schließt von der außergewöhnlichen Wirkung auf die außergewöhnliche Ursache. In Kumulativargumenten werden Erfahrungen als ein Grund neben anderen angeführt, an Gott zu glauben. Sie untermauern z. B. spekulative Argumente mit zusätzlicher, sinnlicher Evidenz.[6] Schließlich haben Erfahrungen und ihre Deutung im Prozess der Glaubensbewährung eine wichtige Funktion. Hier geht es nicht darum, durch Erfahrung von etwas gänzlich Neuem überzeugt zu werden, sondern in dem bestärkt, was man schon glaubt: dass es Gott gibt.

---

[3] Vgl. zu der Unterscheidung von Glaubensgrund und Glaubwürdigkeitsgrund: Markus Knapp, Die Vernunft des Glaubens. Eine Einführung in die Fundamentaltheologie (Grundlagen Theologie), Freiburg i. Br. 2009, 142f.

[4] Vgl. dazu etwa die Arbeiten von William Alston oder Keith Yandell.

[5] Vgl. dazu etwa Keith Yandell, Philosophy of Religion, London – New York 1999.

[6] Kumulativargumente unter Einbezug von empirischen Evidenzargumenten vertreten etwa Richard Swinburne, Basil Mitchell und Frederick Robert Tennant. Vgl. dazu überblickshaft: Löffler, Einführung in die Religionsphilosophie, 83.

Ich will mich im Folgenden – in der Darstellung der Einwände und im Versuch, das Argument aus der Erfahrung trotz und wegen dieser Einwände zu retten – auf die Frage nach Wundern, danach, ob es Wunder geben kann und ob sie, falls es sie gibt, einen guten Grund darstellen, an Gott zu glauben, konzentrieren. Warum Wunder? Wunder bringen auf den Punkt, um was es bei religiöser Erfahrung (strukturell oder der Form nach) geht: Wunder sind nicht immanent herstellbar oder ableitbar – es handelt sich um Ereignisse, die sich vielmehr genau dadurch auszeichnen, dass ihr Zustandekommen nicht ‚natürlich' zu erklären ist.[7] So wusste schon *Kant*: Das Wunder ist „eine Begebenheit, deren Grund nicht in der Natur zu finden ist"[8]. Sie sind nicht Produkte oder Effekte der immanenten Ordnung und ihrer Gesetzmäßigkeiten – sei es der natürlichen, naturgesetzlich strukturierten Ordnung oder der normativen Ordnung möglicher Handlungsgründe freier Subjekte. Sie sind Interventionen ‚von außen', von außerhalb des Subjekts und der ‚natürlichen' Ordnung. Sie stören die Ordnung, unterbrechen den ‚normalen' Lauf der Dinge. Gerade darin – in ihrem Verweis auf eine nicht immanent reduzierbare oder erklärbare Urheberschaft oder Ursächlichkeit – sind sie exemplarisch für religiöse Erfahrungen, legen sie ihre Struktur ungeschminkt offen. Sie kommen ‚von außen': wir machen sie nicht, sie kommen uns entgegen. Und indem sie ‚von außen' kommen, verweisen sie darauf, dass unsere Freiheit und unsere Ordnung nicht alles sind, dass es mehr gibt und geben kann. Vielleicht sogar: geben soll.

3. *Kritische Würdigung*

3.1 *Kritik des Wunders (oder warum es keine Wunder geben soll)*

Gegen das Erfahrungsargument, das durch Wunder zumal, gibt es eine Vielzahl von Einwänden.

Die Anfragen sind zunächst ontologischer Natur. Denn die An-

---

[7] Vgl. zur Doppelstruktur von Wundern als „göttliche Urheberschaft und Verletzung der naturgesetzlichen Ordnung" auch: Winfried Schröder, Wunder, in: Historisches Wörterbuch der Philosophie, Bd. 12, Darmstadt 2004, 1052–1071.

[8] Immanuel Kant, Über das Wunder, in: Gesammelte Schriften, Akademie Ausgabe, Bd. 18, Berlin 1928, 22.

nahme von Wundern (oder anderen göttlichen Interventionen in unsere Erfahrungswirklichkeit) widerspricht der neuzeitlich-modernen Grundüberzeugung von der kausalen Geschlossenheit der Welt und der Autonomie des Subjekts: Wirkungen sind dementsprechend entweder auf eine Kausalität aus der Natur oder auf eine Kausalität aus Freiheit (das Urteilen und Handeln autonomer Subjekte) zurückzuführen.[9] Die Wirklichkeit, wie wir sie seit der Moderne verstehen, lässt keinen Raum für Interventionen ‚von außen'. Wunder – der Glaube an Wunder – stellen ontologisch einen Rückfall hinter die Moderne dar.

Die Einwände sind weiter rechtfertigungstheoretischer Natur. Denn Erfahrungen liefern prinzipiell keine hinreichenden Gründe für eine religiöse Erklärung. Dies gilt für Begründungen der Form: Ein bestimmtes Ereignis durchbricht die naturgesetzliche Ordnung der Wirklichkeit, es kann seine Ursache folglich nicht in der Natur haben, sondern fordert die Annahme einer transzendenten Ursache/Urheberschaft: Gott. Die bloße Unerklärlichkeit eines Ereignisses ist aber kein hinreichender Grund, um von einem Wunder und/oder einer göttlichen Urheberschaft auszugehen. Dass uns ein Ereignis als Aussetzung oder Durchbrechung von Naturgesetzen erscheint, ist plausibler zu erklären durch ein Wissensdefizit hinsichtlich der Naturgesetze als durch die Annahme eines interventionistischen Gottes.[10] In dieser Begründungsform hat Gott außerdem den undankbaren Status des Lückenbüßers. Er füllt die Lücke des Wissens um natürliche Zusammenhänge, so lange, bis diese durch neue Erkenntnisse wieder geschlossen werden kann.[11] Ebenso sind Erfahrungen, die zwar nicht als inkompatibel mit den Naturgesetzen erachtet werden, aber die für die Betroffenen von einer Qualität oder Intensität sind, die für sie eine göttliche Urheberschaft wahrscheinlich sein lässt, kein hinreichende

[9] So die für die Aufklärung paradigmatische Formulierung bei Kant in der dritten Antinomie der reinen Vernunft.

[10] So die prominente Kritik David Humes in: Eine Untersuchung über den menschlichen Verstand, Stuttgart 1986.

[11] Dass diese Position Gottes unwürdig ist, formuliert pointiert Dietrich Bonhoeffer: „Gott ist kein Lückenbüßer. In dem, was wir erkennen, sollen wir Gott finden, nicht aber in dem, was wir nicht erkennen; nicht in den ungelösten, sondern in den gelösten Fragen will Gott von uns begriffen sein." (Widerstand und Ergebung. Briefe und Aufzeichnungen aus der Haft, hrsg. Von Eberhard Bethke, DBW Bd. 8, Gütersloh 1998, 454)

Grund dafür, Gott als ihren Urheber anzunehmen. Denn bei ihnen besteht von vornherein ein Deutungsüberhang: Wunder und religiöse Erfahrungen als Gotteserfahrung zu verstehen kann empirisch (von der reinen Erfahrungsqualität) nie gedeckt sein. Man bewegt sich vielmehr in einem Zirkel, der darin besteht, dass das Erleben der Qualität eines Ereignisses immer schon vor dem Hintergrund bestimmter Überzeugungen stattfindet.[12] Die religiöse Deutung einer Erfahrung begründet nicht den Glauben an Gott, sondern setzt ihn schon voraus.

Noch einmal grundlegender ist der Versuch, von empirischen Einzeldaten auf Gott zu schließen, sei es, weil sie anders nicht erklärbar scheinen oder weil sie diese Deutung qualitativ nahezulegen scheinen, zu kritisieren, weil er – so Kant – einen fundamentalen Kategorienfehler begeht: Gott ist kein möglicher Gegenstand der Erfahrung. Denn Erfahrung ist prinzipiell sinnlich und kategorial vermittelt. Gott aber ist kein Gegenstand dieser Welt, nichts, von dem man eine sinnliche Anschauung erhalten könnte. Dies abzustreiten würde einen Rückfall in naiv-realistische Spielarten unkritischer Metaphysik bedeuten. Wunder – der Glaube an Wunder – stellen epistemisch einen Rückfall hinter die Moderne dar.

Gegen das Erfahrungsargument werden aber nicht nur philosophische, sondern, das klang eingangs schon an, auch theologische Gründe ins Feld geführt. Geht man davon aus, dass Gott die naturgesetzliche Ordnung der Welt durchbrechen kann und es auch tut (indem er Wunder oder andere außergewöhnliche Ereignisse und Erfahrungen bewirkt), so stellt sich die Frage, warum er an diesen Stellen interveniert, an anderen aber nicht. Warum bewirkt Gott an der einen Stelle eine Heilung, lässt aber Kinder sterben, Genozide passieren, Naturkatastrophen geschehen? Wenn man davon ausgeht, dass Gott Wunder wirkt, also in die Welt interveniert, verschärft sich das Theodizeeproblem. Es wird schwierig, ein punktuelles Wunderwirken konsistent mit der Vorstellung eines guten und gerechten Gottes zu vermitteln.[13] Das ist das eine. Das andere ist, dass die Be-

---

[12] Vgl. dazu Löffler, Einführung in die Religionsphilosophie, 80.

[13] Vgl. zu diesem Einwand gegen einen interventionistischen Theismus aus der Existenz von Leid exemplarisch: Klaus von Stosch, Gott – Macht – Geschichte. Versuch einer theodizeesensiblen Rede vom Handeln Gottes in der Welt, Freiburg i. Br. 2006.

gründung der Existenz Gottes über den Verweis auf Wunder Gefahr läuft (und dieser Gefahr auch lange Zeit tatsächlich erlag), zum Extrinsezismus zu geraten. Wunder werden als scheinbar objektive Evidenzen für die Existenz Gottes ins Feld geführt. Und ist diese erst einmal objektiv bewiesen, muss der Glaube in sich nicht mehr weiter begründet und vernünftig gerechtfertigt werden. Wunder, der Glaube an Wunder, stellen theologisch einen Rückfall hinter die Moderne dar: Sie widersprechen der inneren Freiheit des Glaubensaktes, indem sie einen extrinsezistischen Glaubenszwang durch Beweise etablieren.[14]

Der schärfste Einwand gegen das Erfahrungsargument, dagegen, dass es Wunder gibt und dass sie Gründe sind, an Gott zu glauben, scheint mir aber nicht ontologischer, epistemischer oder theologischer, sondern normativer Natur: Wunder kommen ‚von außen', wir machen sie nicht, sie kommen uns entgegen. Und es ist genau diese Struktur, dieses ‚von außen', das die Vorstellung von Wundern für die moderne Zeitgenossin unannehmbar scheinen lässt. Denn die mit dem ‚von außen' verbundene Vorstellung einer Wirkung, die ihre Ursache nicht entweder in der natürlichen Ordnung der Welt oder der (normativen Ordnung der) Freiheit des Subjekts hat, verstößt eklatant gegen das Prinzip, auf dem unser theoretisches Welt- und praktisches Selbstverhältnis (und damit einhergehend unser Glaubensverständnis) seit der Moderne gründen: das Prinzip der Autonomie. Die kausal geschlossene Eigengesetzlichkeit der Welt und die autonome Selbstbestimmung des Subjekts lassen keinen Raum für eine Intervention von außen: In der Moderne scheint es weder ontologisch noch freiheitstheoretisch Raum für (eine) Bestimmung zu geben, die nicht immanent ist: die nicht entweder Teil des immanenten Kausalzusammenhangs der Welt ist oder auf einen willentlichen Freiheitsakt des Subjekts, einen Akt autonomer Selbstbestimmung zurückgeht.

Oder präziser: In (oder seit) der Moderne *soll* es keinen Raum für Wunder geben. Denn mit der Autonomie von Subjekt und Welt stellen Wunder nicht eine empirische Tatsache infrage, sondern ein regulatives Prinzip. Und nicht irgendeines, sondern das regulative Prinzip, das grundlegend ist für unser Selbst- und Weltverhältnis.

---

[14] Zur Kritik extrinsezistischer Glaubensbegründung vgl. exemplarisch: Knapp, Die Vernunft des Glaubens.

So ist Autonomie im Sinne der Freiheit, sich selbst zu bestimmen, sich in seinem Urteilen und Handeln an selbst gesetzten Gesetzen auszurichten, zunächst nicht eine empirische Tatsache, sondern, so die wegweisende Einsicht Kants, eine regulative Idee.[15] Die Freiheit der Autonomie ist das normative Prinzip, das unserem praktischen Selbstverhältnis und unserem Verhältnis zu anderen Menschen zugrunde liegt: Wir nehmen uns selbst so wahr, dass wir in unserem Handeln nicht einfach bestimmt werden durch unmittelbare Bedürfnisse, unreflektierte Interessen und zwangsförmige äußere Umstände, sondern uns ausrichten können an selbstgesetzten Normen: an Vorstellungen davon, was gut und richtig ist. Und wir unterstellen diese Freiheit normativer Selbstführung anderen Menschen – indem wir sie auf Versprechen festlegen, indem wir moralisch verwerfliches Handeln tadeln und Verstöße gegen geltendes Recht strafen. Ohne die Idee der Freiheit, ohne die Unterstellung, dass wir frei sind, wäre, drastisch formuliert, unsere sittliche Praxis, die Art also, wie wir alltäglich, aber auch in rechtlich institutionalisierter Form miteinander umgehen, sinnlos.[16] Ähnlich verhält es sich mit dem Gedanken einer kausalen Geschlossenheit der Welt, der besagt, dass jedes Ereignis in der natürlichen Welt auf ein ihr vorhergehendes Ereignis in der natürlichen Welt zurückgeführt werden kann. Diese Überzeugung ist nicht beliebig verhandelbar, sondern deshalb eine Grundüberzeugung, weil sie nicht nur unserem wissenschaftlich-technischen Umgang mit der Wirklichkeit zugrunde liegt, sondern auch unseren alltäglichen Gewohnheiten. Diese fußen darauf, dass es in der Welt mit rechten Dingen zugeht, also die Gesetzmäßigkeiten, nach denen die Welt erfahrungsgemäß funktioniert, verlässlich sind: dass die Schwerkraft mich auch morgen am Boden hält und mir der Himmel auch übermorgen nicht auf den Kopf fällt. Auch diese Annahme lässt sich nicht empirisch reduzieren, i.e. auf Einzelbeobachtungen, einzelne Sinnesdaten, zurückführen, sondern hat nach Kant den Status einer Idee der theoretischen Vernunft: Sie ist eine Unterstellung, die wir brauchen, um auf der Grundlage von Erfahrungen verlässliche theoretische Aussagen über die Welt machen zu können.[17]

---

15 Vgl. Kant, KrV, B 672.

16 Vgl. dazu exemplarisch: Birgit Recki, Freiheit, UTB Profile, Wien 2009.

17 Vgl. Kant, KrV, B475/A447.

Die Negation von Wundern als einer Wirksamkeit, die nicht aus der inneren Ordnung der Welt und der freien Handlungsgründe des Subjekts ableitbar ist, ist daher ein normatives, nicht ein theoretisches Urteil der Moderne: Es ist weniger so, dass Wunder faktisch nicht möglich sind. Sondern wir wollen nicht mit Wundern rechnen, weil dadurch die Idee der Freiheit des Menschen und der kausalen Geschlossenheit der Welt – und damit die regulative Grundlage unseres praktischen Selbst- und theoretischen Weltverhältnisses – mindestens angefragt, wenn nicht aufgegeben wird: Wunder – unableitbare, damit unbegründete und unbegründbare Interventionen ‚von außen' – exemplifizieren das, was die Moderne prinzipiell ablehnt, das, wogegen die Moderne als normatives Projekt gerichtet ist, das, was sie ablösen will: Wunder exemplifizieren Heteronomie. Heteronomie nicht nur einer weltlichen Autorität, sondern Heteronomie gleichsam kosmischen Ausmaßes: willkürliche Interventionen Gottes in den Weltenlauf und das Leben der Menschen. Man könnte die Moderne so gleichsam als normative Negation der Möglichkeit von Wundern um willen ihres Grundprinzips: dem der Autonomie von Welt und Subjekt, bezeichnen.

Das scheint mir das stärkste Argument gegen die Möglichkeit von Wundern – dagegen, dass es sie gibt und dagegen, dass sie ein Grund sind, an Gott zu glauben. Er kommt nicht aus dem Sein, sondern aus dem Sollen. Es soll keine Wunder geben, weil es kein Anderes der Autonomie der Welt und des Subjekts geben soll, kein Wirken, das nicht entweder auf die Kausalität der Natur oder die Kausalität aus Freiheit reduzierbar wäre. Wenn es Wunder gibt, müssen wir unser Selbst- und Weltverhältnis grundlegend revidieren, unser Freiheitsideal überdenken. Und es scheint mir zugleich der Ansatzpunkt zur Rettung des Arguments aus der Erfahrung (von Wundern) zu sein: Wir sollen an dem Glauben an Wunder festhalten, nicht obwohl sie unser Welt- und Selbstbild infrage stellen, sondern weil sie es tun.

3.2 Ist das Wunder zu retten?

Ich glaube also nicht, dass das Argument aus der Erfahrung zu retten ist, indem man religiöse Erfahrungen bis zur Unverwechselbarkeit an gewöhnliche Erfahrungen angleicht in dem Sinne, dass religiös gedeutete Erfahrungen immanent ableitbar sind – nicht gegen die Ordnung der Dinge und des Subjekts verstoßen und also eigentlich doch kompatibel sind mit unserem Welt- und Selbstverständnis: Heilungswunder wären dann Prozesse, die eigentlich psychologisch-medizinisch erklärbar sind, i.e. nicht gegen die naturgesetzliche Ordnung der Welt verstoßen, Offenbarungserfahrungen wären Autosuggestionen, etc. etc.[18] Diesen Weg möchte ich nicht, oder zumindest nicht zu schnell gehen. Denn ist es gerade das, was religiöse Erfahrungen irritierend und inkompatibel macht, was sie rettenswert macht: Sie zeugen von einem Anderen unserer Freiheit und der Welt. Von Ereignissen, die wir nicht machen und nicht harmonisch in die Ordnung der Dinge integrieren können.

Mein Versuch, das Wunder zu retten, wird aus zwei Schritten bestehen. Zuerst will ich ein Argument dafür formulieren, an der Möglichkeit des Wunders festzuhalten. Ein Argument, das in Auseinandersetzung mit der schärfsten Kritik an Wundern – der normativen Kritik – formuliert werden soll und deshalb ebenso auf der normativen Ebene ansetzt. Es soll Wunder geben, denn als Verkörperungen eines/des Anderen der Freiheit bewahren Wunder unsere Autonomie, im freiheitstheoretischen Sinn subjektiver Selbstbestimmung und im ontologischen Sinn der Eigengesetzlichkeit der Welt, davor, sich totalitär in sich abzuschließen und dadurch herrschaftsförmig – und also unfrei – zu werden. Dann will ich dafür argumentieren, dass es sich lohnt, Wundern nicht ‚nur' als Ereignisse immanenter Transzendenz zu verstehen, sondern als ‚Interventionen' Gottes.

Der Versuch, das Wunder zu retten, setzt also bei der Frage der Freiheit an. Und er wird die Idee der Freiheit wie die des Wunders nicht unverändert lassen. Eine Rettung des Wunders ist nur möglich als seine Aufhebung – im hegelschen Sinne der Zerstörung, der Bewahrung und der Hebung auf eine andere, ‚höhere' Ebene: Wovon wir uns verabschieden müssen, ist die Vorstellung von Wundern im Sinne einer kausalen Intervention göttlichen Ursprungs, einer substanziellen Bestimmung, die Gott uns oder unserer Welt zufügt – sei es in Form einer inhaltlich bestimmten Botschaft: „Glaube dies" oder „Tu das" oder in Form eines kausalen Eingreifens in die Welt durch eine Sintflut, eine Heilung oder indem eine Marienstatue Tränen vergießt. Bewahrung dagegen verdient die Vorstellung von Wundern als einer Intervention des Anderen unserer Freiheit, einer

---

[18] Vgl. zu dieser Strategie überblickshaft: LÖFFLER, Einführung in die Religionsphilosophie, 78.

Wirkung, die nicht immanent ableitbar und herstellbar ist – aber nicht im Sinne einer zusätzlichen Bestimmung unserer Freiheit, sondern im Sinne ihrer Freisetzung. Durch die Bewahrung dieser Vorstellung wird die Idee des Wunders und mit ihr die Idee der Freiheit auf eine höhere Ebene gehoben: Wunder als Ereignisse der Befreiung, der Freisetzung von Freiheit verkörpern eine andere Idee, ein anderes Ideal der Freiheit: Sie stehen für eine Überwindung des freiheitstheoretischen Bestimmungsdenkens und des substanzontologischen Kausalitätsdenkens durch das Paradigma der Liebe. Oder: Das Wunder zu denken fordert, Autonomie in Liebe aufzuheben.

3.3 Wunder: Das Andere der Freiheit

Warum also sollen wir am Wunder festhalten, daran also, dass es Interventionen in unser freies Selbstverhältnis und in die Eigengesetzlichkeit der Welt gibt, die weder aus der Ordnung der Freiheit, noch der Ordnung der Natur herstellbar sind und dadurch unserem regulativen Ideal der Autonomie widersprechen? Meine These ist, dass wir Wunder wollen sollen, nicht obwohl, sondern gerade weil sie das Prinzip der Autonomie infragestellen, nicht obwohl, sondern weil sie uns mit einem, wenn nicht gar mit dem Anderen unserer Freiheit konfrontieren.

Das gilt zunächst auf der Ebene subjektiver Freiheit. Denn was das moderne Ideal der Autonomie verschweigt, ist, wie sehr Freiheit auf das Andere ihrer selbst angewiesen ist, um sie selbst zu sein. Freiheit schließt die Intervention des Anderen nicht aus, sondern ein. Und zwar nicht nur faktisch, sondern normativ: Eine Freiheit, die auf der normativen Exklusion ihres Anderen aufbaut, wird unfrei, weil totalitär und herrschaftsförmig.

3.3.1 Genese – ohne den Anderen keine Freiheit

Das hat zunächst den sehr grundsätzlichen Sinn, dass es Freiheit ohne den Anderen gar nicht gibt: Wir schaffen uns nicht selbst; dass wir sind, verdanken wir dem Handeln (im besten Fall der Liebe) anderer. Und sind wir einmal auf dieser schönen Erde, dann sind wir nicht immer schon frei: Unsere Freiheit gründet nicht in einem autonomen Willensentschluss oder Setzungsakt unsererseits. Das wäre schon begrifflich unmöglich. Denn der Gedanke einer Selbstsetzung von Freiheit ist zirkulär: Er setzt das, was er allererst hervorbringen will – Freiheit – schon voraus. Das ist aber auch faktisch nicht möglich, denn um frei zu sein, müssen wir (auch) vermögend sein. Und, jeder, der einmal Kontakt zu Babys hatte wird das unmittelbar einsehen, diese Vermögen müssen erst gebildet werden. Freiheit ist darauf angewiesen, von anderen freigesetzt zu werden. Und sie wird es, so die von Hegel entlehnte These, aus einer doppelten Begegnung mit dem Anderen, mit anderer Freiheit, die zunächst (unvermeidlich) die Form der Disziplinierung und dann (hoffentlich) die Form der Anerkennung hat.[19]

Die Entwicklung von Freiheit beginnt ganz basal: Sie beginnt damit, dass der Mensch sich von der Macht der Natur (den Trieben, Instinkten und Bedürfnissen, die ihn unmittelbar bestimmen) befreien muss. Wir müssen mühsam lernen, uns von der Bestimmung durch unsere unmittelbaren Bedürfnisse und Instinkte frei zu machen, um so erst den nötigen Raum zu schaffen für eine Bestimmung durch unseren ‚freien' Willen. Diese Befreiung von uns selbst als Naturwesen, als jemandem, der in seinem Verhalten durch Triebe, Bedürfnisse und Instinkte geleitet ist, hin zu jemandem, der sich in seinem Handeln an Normen orientieren kann, ist ein Geschehen, das nicht in einem freien Entschluss unsererseits gründet – dies würde das voraussetzen, was der Prozess allererst hervorbringen soll: unsere Freiheit zur Selbstführung. Es ist etwas, das uns mehr oder weniger widerfährt: durch Erziehung, durch Bildung, durch Arbeit. Wir werden durch den Druck des Sozialen gezwungen (oder zumindest stark ermuntert), von der unmittelbaren Befriedigung unserer Bedürfnisse Abstand zu nehmen, uns also nicht unmittelbar von ihnen bestimmen zu lassen. Der Druck des Sozialen kann die negative Form der Strafe haben: Wenn du deinem Bedürfnis folgst, deinem Geschwisterchen das Spielzeug wegzunehmen, wirst du geschimpft oder darfst nicht mehr mitspielen. Der Druck kann auch die Form der Belohnung haben: Wenn du das Gemüse aufisst, bekommst du eine Nachspeise. Wenn du deine Hausaufgaben machst, statt zu

[19] Die folgenden Überlegungen beziehen sich auf Hegels Darstellungen einer Genese der Freiheit durch Bildung in den Grundlinien der Philosophie des Rechts und verdanken sich ihrer kritischen Rekonstruktion durch Christoph Menke in: Autonomie und Befreiung. Studien zu Hegel (stw 2266), Berlin 2018, 51–81; 119–148.

spielen, lese ich dir später eine Geschichte vor. Was sich in diesem Prozess der erziehenden Disziplin ausbildet, ist das für Autonomie unerlässliche Vermögen der Entgegensetzung: das Vermögen, sich nicht unmittelbar bestimmen zu lassen von den eigenen Bedürfnissen und Trieben (Spielzeug wegnehmen, Spielen statt Hausaufgaben, Gemüse bloß nicht essen), sondern uns davon zu distanzieren (sei es durch ein Herauszögern der Befriedigung, durch ein Ersetzen der Befriedigung durch eine Befriedigung höherer Ordnung, durch Verzicht). Die wesentliche Funktion dieses Vermögens der Entgegensetzung besteht darin, dass wir dadurch frei werden: frei, uns zu den Vorgaben unserer Natur zu verhalten, frei uns durch sie bestimmen zu lassen oder nicht. Wir erlangen die basale und grundlegende Freiheit der Indifferenz.

Das Gemeine an der Befreiung durch erziehende Disziplin ist, dass uns die Freiheit, die wir darin eigentlich erlangen – eben die basale Freiheit der Entgegensetzung zu jeder Bestimmtheit – zunächst gar nicht zur Verfügung steht. Denn in der Erziehung wird die Bestimmung durch die Natur zunächst einfach ersetzt durch die Bestimmung durch das Soziale, durch soziale Normvorgaben. Wir lernen, uns von unserer Bedürfnisnatur zu distanzieren, indem wir lernen, uns stattdessen an sozialen Vorgaben zu orientieren, deren Befolgung eine andere, höhere Form der Befriedigung (Lob, Belohnung) verspricht. (z. B.: das Eigentum anderer achten, fleißig sein statt dem Spieltrieb nachzugeben, bestimmte Ernährungsvorschriften einhalten etc. etc.) Im Prozess der Bildung verinnerlichen wir diese sozialen Normen so sehr, dass sie uns, wie Hegel sagt, zur zweiten Natur werden. Wir haben sie so sehr verinnerlicht und uns so sehr daran gewöhnt, dass sie uns so unmittelbar, so automatisch bestimmen, wie uns vorher unsere Bedürfnisnatur bestimmt hat. Deshalb ist das Resultat dieses ersten, basalen Befreiungsgeschehens zunächst auch nicht Freiheit, sondern die Fähigkeit zur Selbstdisziplinierung: die Fähigkeit, Abstand zu nehmen von unserer Bedürfnisnatur und sich stattdessen zu bestimmen durch sozial gelernte Normen. Disziplin bildet das Vermögen der Entgegensetzung und damit die Freiheit der Selbstbeherrschung: die Fähigkeit, Abstand zu nehmen von unseren unmittelbaren Bedürfnissen und Interessen, sie nicht urteils- und handlungsleitend sein zu lassen, sondern Normen an ihre Stelle zu setzen.

Damit Freiheit mehr sein kann als die Fähigkeit zur Selbstbeherrschung, ist sie wieder auf den Anderen verwiesen: auf den Anderen (die andere Freiheit, den anderen Menschen), der sie nicht erziehen will (und deshalb nicht in eine Beziehung der Disziplinierung zu ihr tritt), sondern der sie anerkennt. Freiheit bedarf der Anerkennung durch andere Freiheit, um zu sich selbst befreit zu werden. Hegel formuliert diesen Gedanken so, dass wir die Anerkennung anderer Freiheit brauchen, um uns unserer eigenen Freiheit bewusst zu werden: um ein Selbstbewusstsein ausbilden zu können.[20] Ich würde das Geschehen allerdings weniger als eines der Erkenntnis, sondern als eines der Bejahung verstehen: Der Mensch braucht jemanden, der nicht in ein Herrschaftsverhältnis zu ihm tritt, der ihn nicht bestimmen will, ihm Vorgaben machen will. Er braucht jemanden, der ihn nicht bestimmen, sondern freigeben will, der will, dass er ist. Und dies ganz unabhängig davon, was er kann oder nicht kann, welche Regeln er befolgt, welche Ziele er sich setzt. Der Mensch braucht jemanden, der ihn um seiner selbst willen will, noch bevor und unabhängig davon, dass er zu einem bestimmten jemand mit bestimmten Eigenschaften und Fähigkeiten geworden ist, jemanden, der seine Freiheit will.[21]

Freiheit muss zu sich selbst befreit werden durch die Interaktion mit dem Anderen – den Anderen, der ihm in Form des Nein (Disziplin) gegenübertritt und ihm so ermöglicht, das Vermögen der Entgegensetzung auszubilden und den Anderen, der ihm in Form des Ja (Anerkennung) begegnet und ihn so dazu befreit, seine Freiheit anders als Selbstbeherrschung und Anpassung zu vollziehen.

---

[20] Vgl. Hegel, PdG 145f.

[21] Vgl. zur genealogisch-freiheitstheoretischen Bedeutung von Anerkennung: Georg Herbert Mead, Geist, Identität und Gesellschaft. Aus der Sicht des Sozialbehaviourismus (stw 28), Frankfurt a. M. 1973; Axel Honneth, Kampf um Anerkennung. Zur moralischen Grammatik sozialer Konflikte (stw 1129), Frankfurt a. M. 1992; ders., Verdinglichung. Eine anerkennungstheoretische Studie, Frankfurt a. M. 2005; Paul Ricoeur, Wege der Anerkennung. Erkennen, Wiedererkennen, Anerkanntsein, Frankfurt a. M. 2006. Die konstitutive Funktion von Anerkennung lässt sich auch transzendentallogisch zeigen: Hermann Krings, System und Freiheit. Gesammelte Aufsätze (Praktische Philosophie 12), Freiburg i. Br. – München 1980. Zum richtigen Verständnis der freiheitstheoretischen Bedeutung von Anerkennung ist es dabei zentral, die liebende von der vergesellschaftenden Anerkennung zu unterscheiden. Vgl. dazu: Sarah Rosenhauer, Excess and Evolution, in: Martin Breul/Carolin Helmus (Hg.), A Natural History of Religion? Exploring the Philosophical and Theological Significance of Evolutionary Anthropology, (Science and Religion), Routledge, ersch. 2022.

3.3.2 Geltung – etwas anderes als ‚ich bestimme!'

Nun könnte man sagen, dass dies zwar richtig ist für eine Betrachtung der faktischen Genese der Freiheit, aber keine Geltung hat für ihren Begriff, ihre normative Struktur. Hier bleibt es so, dass nur die selbst gesetzte Bestimmung, die Selbst-bestimmung frei sein kann. Wenn Autonomie sich im Sinne der Selbstbestimmung normativ darüber definiert, nur durch sich selbst (und also: nicht durch den Anderen) bestimmt zu sein, dann definiert sie sich über den normativen Ausschluss des Anderen. Denn versteht man Freiheit solchermaßen einzig von der Aktivität des Bestimmens her, so also, dass der am freiesten ist, der am meisten bestimmt und am wenigsten bestimmt wird, dann muss eine Bestimmung durch den Anderen als Bedrohung der eigenen Freiheit wahrgenommen werden. Dann muss der Andere um willen der eigenen Freiheit ausgeschlossen werden. Das aber macht Freiheit herrschaftsförmig und dadurch unfrei.

Die Herrschaftsförmigkeit einer Freiheit, die sich darüber definiert, (selbst) zu bestimmen und also nicht bestimmt zu werden, zeigt sich in all ihren Bezügen:

Sie zeigt sich im Verhältnis zur Welt, zur mir begegnenden Wirklichkeit. Das selbst gesetzgebende Subjekt tritt der Welt, den Dingen der Welt, theoretisch gegenüber, indem es sie gemäß seiner Kategorien schematisiert und objektiviert, die Wirklichkeit gemäß seiner Vorstellungen vergegenständlicht. Die Wirklichkeit wird in ihrer Vielgestaltigkeit, ihrer konkreten Dichte, ihrem Reichtum durch das Subjekt auf den Begriff gebracht – seinen Kategorien unterworfen, durch sein Denken beherrscht. Das praktische Verhältnis zur Welt folgt einem analogen Schema bzw. die theoretische Beherrschung grundiert die praktische, indem das Subjekt die Welt praktisch nach seinen Vorstellungen umgestaltet. Die Welt kommt in unseren theoretischen und praktischen Bezügen nicht als eigenständiges Gegenüber (als ein Anderes unserer Freiheit), sondern nur als Objekt, an dem wir unsere Freiheit im Modus des Bestimmens vollziehen, vor. Wir vollziehen unsere Freiheit im Verhältnis zur Welt als Naturbeherrschung.[22]

[22] Diese Verbindung des Ideals der Autonomie und der Herrschaftsförmigkeit des dadurch präformierten Weltverhältnisses wird prominent formuliert in: THEODOR W. ADORNO/MAX HORKHEIMER, Dialektik der Aufklärung. Philosophische Fragmente, Frankfurt a. M. 1988.

Die Herrschaftsförmigkeit einer Freiheit, die sich darüber definiert, (selbst) zu bestimmen und also nicht bestimmt zu werden, zeigt sich auch im Selbstverhältnis des Subjekts. Die knappe Analyse der Genese von Freiheit hat es bereits angedeutet: Ohne Anerkennung durch den Anderen (die einhergeht mit der Anerkennung des Anderen) bleibt das auf Autonomie gründende Selbstverhältnis eines der Selbstbeherrschung. Foucault formuliert diesen Gedanken als Paradox der Fähigkeit[23]: Es ist unsere Autonomie, unsere Fähigkeit zur Selbstbestimmung, die uns frei macht – frei in dem Sinne, dass wir Träger von Fähigkeiten werden: der Fähigkeit, nicht einfach durch unsere Bedürfnisse und Triebe bestimmt zu werden, sondern uns von ihnen zu distanzieren und an ihre Stelle die Bestimmung durch unseren Willen zu setzen. Zugleich ist es eben diese Fähigkeit der Selbstbestimmung, die uns unfrei macht. Und zwar deshalb, weil wir uns, indem wir uns bestimmen, bestimmten Maßstäben (sei es vernünftiger sozialer oder welcher Art auch immer) unterwerfen. Heißt: wir werden dadurch frei, dass wir uns unter übergeordnete Vorgaben unterwerfen. Und das eine: die Freiheit als Fähigkeit, gibt es nicht ohne das andere: die Unterwerfung. Wenn man Freiheit als Fähigkeit versteht, als ein Vermögen der Selbstbestimmung, dann ist diese Freiheit immer paradoxerweise mit Unfreiheit verbunden – hat Unfreiheit zu ihrer Bedingung. Denn sie impliziert ein Selbstverhältnis, das herrschaftsförmig ist: Ich bestimme mich selbst heißt: ich mache mich zum Objekt meines Wollens, zum Instrument meiner Pläne.[24] Darin liegt die Unfreiheit der Autonomie. Im Vollzug der Fähigkeit autonomer Selbstführung reproduzieren wir das erzieherische Verhältnis der Disziplin, mit dem uns der Andere begegnet ist, in unserem Selbstverhältnis. Wir begegnen uns, unserer Bedürfnisnatur, mit dem Nein der Disziplin, das uns in der Erziehung entgegengehalten wurde.

Und die Herrschaftsförmigkeit einer Freiheit, die sich darüber definiert, (selbst) zu bestimmen und also nicht bestimmt zu werden,

---

[23] Vgl. Michel Foucault, Überwachen und Strafen. Die Geburt des Gefängnisses, Frankfurt a. M. 1977 sowie die freiheitstheoretischen Strukturanalysen des Paradoxes in: Thomas Khurana/Christoph Menke (H.), Paradoxien der Autonomie (Freiheit und Gesetz I), Berlin 2011.

[24] Vgl. Christoph Menke, Kritik der ‚abstrakten Moralität', in: Axel Honneth/Christoph Menke (Hg.), Theodor W. Adorno, Negative Dialektik (Klassiker auslegen 28), Berlin 2006, 151–168, bes. 154.

zeigt sich schließlich und wohl am augenscheinlichsten im Verhältnis des Subjekts zu anderen Subjekten. Hier zeigt sich in letzter Konsequenz, was es bedeutet, Freiheit vom Ideal der Selbst-bestimmung, also der Bestimmung her zu verstehen. Denn in der Begegnung mit dem anderen Subjekt, mit der anderen Freiheit, tritt uns der Bestimmungsanspruch, der Anspruch, nur durch sich selbst und nicht durch den Anderen bestimmt zu sein, von außen – und damit gegen uns gerichtet – gegenüber. Zu was das führt, hat Hegel in seiner Darstellung des Kampfes um Anerkennung in aller Drastik und Deutlichkeit zum Ausdruck gebracht.[25] Was dieser Kampf um Anerkennung beschreibt, ist die letzte Aufgipfelung einer Freiheit, die sich selbst als Herrschaft versteht, in der dieses Freiheitsverständnis in seine letzte Konsequenz getrieben wird. Diese zeigt sich, sobald die als Aktivität der Bestimmung verstandene Freiheit nicht auf unselbstständige Dinge trifft, die sie beliebig bestimmen kann, sondern auf andere Freiheit: Dann entspannt sich ein Kampf darum, wer bestimmt. Ich oder du. Denn ich kann meine Freiheit, wenn ich sie als Herrschaft verstehe, nur dann behaupten, wenn ich mir den anderen unterwerfe, wenn ich den anderen vollständig beherrsche, wenn ich bestimme und nicht bestimmt werde. In diesem Herrschaftsverhältnis bleiben aber Herr wie Knecht unfrei: der Knecht, weil er vom Herren bestimmt wird. Aber auch der Herr, weil er vom Gehorsam des Knechts bzw. der knechtischen Anerkennung seiner Freiheit abhängig ist (ohne Gehorsam keine Herrschaft). Der Herr ist unfrei, weil die Anerkennung des Anderen nicht erzwungen, nicht zum Moment unserer Selbstbestimmung gemacht werden kann. Die vom Herren erzwungene Anerkennung seiner Freiheit hat die Form, dass der Knecht die Bestimmungen des Herren annimmt, sich von der Freiheit des Herren bestimmen lässt. Gerade diese erzwungene Anerkennung ist aber nicht das, was der Herr braucht, was seine Freiheit bejaht. Sie hält den Herren in Unfreiheit, weil er zur Bewahrung seiner Freiheit (verstanden als Herrschaft), angewiesen ist auf den Gehorsam des Knechtes. Befreit würde der Herr nur durch eine Anerkennung, die er nicht aktiv erzwingen muss, sondern die ihm frei geschenkt wird. Das würde aber vom Herren erfordern, dass er den Knecht seinerseits als freies Subjekt anerkennt, ihn nicht zum unselbstständigen, knechtischen Moment seiner Selbstbestätigung

[25] Vgl. Hegel, PdG, 145–155.

macht. Es würde erfordern, nicht in ein Verhältnis der Bestimmung zum Knecht zu treten, sondern eines der Anerkennung: der Freisetzung von Freiheit.

Das Ausklammern des Anderen als eigenständiger Instanz, die Negation des Anderen der Freiheit, führt zur Reduktion von Freiheit auf Herrschaft: Die Frage nach Freiheit wird zur Frage, wer bestimmt – und das Verhältnis zum Anderen dann eines der Herrschaft und Unterwerfung.

3.3.3 Gelingen – mehr als ich machen kann

Das hat Auswirkungen darauf, was diese Form der Freiheit kann: Durch die Freiheit der Selbstbestimmung kann ich umsetzen, was ich will und kann. Aber wenn ich durch nichts als mich selbst bestimmt bin, kann ich in meinen Urteilen und Handlungen auch nicht über das hinausgehen, was ich weiß und kann. Ich kann vorgefasste Pläne in die Tat umsetzen, ich kann ein Wissen anwenden, das ich schon habe. Aber ich kann nichts Neues erfinden, ich kann mein Können und Wissen nicht überschreiten.[26] Denn das Überraschende und Neue, das mein Können und Planen Überschreitende ereignet sich, sein Auftreten hat immer etwas mit Kontrollverlust zu tun; es hat nicht den Charakter selbstbestimmter Handlung, sondern den der Widerfahrnis. Oder, wie Adorno sagt, den des Glückens.[27]

Das zeigt sich im Kleinen, Alltäglichen ebenso wie im Großen, Alles-Entscheidenden. Denn das, was wir am meisten brauchen, können wir uns nicht selbst geben: das Ja zu unserer Freiheit. Wir können es uns weder selbst geben, noch den anderen dazu zwingen, uns das Ja zu unserer Freiheit gleichsam erkämpfen (und damit doch wieder in einer Bestimmungsaktivität unsererseits begründen). Hegels Kampf um Anerkennung zeigt, zu was ein solcher Kampf führt, in dem wir den anderen, den wir brauchen, kraft unserer Freiheit zwingen wollen, uns zu bejahen, in dem wir also versuchen, den anderen zum Moment unserer Selbstbestimmung zu machen (dem

---

[26] Vgl. dazu ausführlich: Sarah Rosenhauer, Die Unverfügbarkeit der Kraft und die Kraft des Unverfügbaren. Subjekttheoretische und gnadentheologische Überlegungen im Anschluss an das Phänomen der Kontingenz, Paderborn 2018.

[27] Vgl. Theodor W. Adorno, Negative Dialektik, in: Gesammelte Schriften, Bd. 6, Frankfurt a. M. 1973, 366ff.

erfüllenden Moment), und damit doch alles in der Hand zu behalten: Es führt zu Knechtschaft auf der einen und unfreier Unselbstständigkeit auf der anderen Seite. Befreiend ist nicht das erzwungene Ja zu unserer Freiheit (das Ja der Unterwerfung und Knechtschaft), befreiend ist nur das geschenkte Ja: das Ja der Liebe. Das bedeutet aber, dass wir das, was uns letztlich erfüllt, nicht machen können. Nicht erkämpfen, nicht erzwingen, und sei der Einsatz noch so groß. Wir sind abhängig von der unveräußerlichen Freiheit des anderen, davon, dass er aus Freiheit heraus uns will.

Kurz: Wenn Freiheit als Selbst-Bestimmung verstanden, und das Andere so aus ihrem Begriff ausgeschlossen wird, wird unser Selbstverhältnis auf Beherrschung, unser Weltverhältnis auf Konsum und Gelingen auf das Machbare reduziert. Das Andere (die Welt, der andere Mensch, wir selbst) wird zum unselbstständigen Moment unseres Machens, zum bloßen Mittel unserer Selbstbehauptung und Selbstbestätigung. Unser Machen kann dann nicht über das hinausgehen, was wir ohnehin schon Können, Wissen, Wollen. Unsere Begegnungen mit dem Anderen, der anderen Freiheit haben dann die Qualität der Konkurrenz und des Konsums, die Qualität der Liebe erreichen sie nicht. Denn für beides, für die Entstehung von etwas Neuem und für eine Begegnung in Liebe müssen wir dem Anderen Raum geben. Oder: Das normative Prinzip subjektiver Freiheit – das Prinzip der Autonomie – totalisiert sich und kippt in Herrschaft, wenn es auf dem Ausschluss des Anderen basiert.

Was hat das mit der Frage nach Wundern zu tun? Einiges. Denn Wunder verkörpern geradezu paradigmatisch das ‚Andere' der Freiheit. Sie verkörpern eine Wirksamkeit, die nicht in unserer autonomen Selbstbestimmung gründet, sondern ihr ‚von außen' entgegenkommt. Das Wunder hält die Möglichkeit des Anderen, einer Intervention des Anderen in unsere Freiheit offen und dadurch ein anderes Verständnis von Freiheit: Einer Freiheit, deren höchste Verwirklichung nicht Selbstbestimmung und also Herrschaft ist.

3.4 Wunder – das Andere der Natur

Wie steht es um das zweite normative Prinzip der Moderne – um die Autonomie, die Eigengesetzlichkeit der Welt? Ist auch dieses Prinzip, das Autonomieprinzip als ontologisches Prinzip, auf Wunder verwiesen? Auf ontologischer Ebene findet sich das Autonomieprinzip im

Gedanken der kausalen Geschlossenheit der Welt wieder: Die Welt wird nur durch sich bestimmt. Es gibt in ihr keine Wirkungen, die nicht auf natürliche, also weltimmanente Ursachen reduzierbar wären. Wunder widersprechen diesem Prinzip. Denn sie zeichnen sich ja gerade dadurch aus, zumindest dem Anspruch nach, keine natürliche Ursache zu haben und damit die gesetzmäßige Regelmäßigkeit und Ordnung der Wirklichkeit zu durchbrechen und zu stören.

Sind auch solche Störungen der Ordnung der Natur durch die Intervention eines/des Anderen etwas, das normativ gefordert ist? Sollten wir mit Wundern im Sinne einer Störung oder Außerkraftsetzung von Naturgesetzen rechnen, so dass etwa die Schwerkraft nicht mehr verlässlich wäre, die chemischen Eigenschaften von Kohlenstoffmolekülen sich jederzeit radikal ändern könnten etc. etc.?

Das ist offensichtlich kaum nachvollziehbar. Und dennoch würde ich an der eingangs formulierten These festhalten, dass nicht nur das Ideal der Autonomie des Subjekts sich durch seine Totalisierung – durch den Ausschluss des Anderen – in Unfreiheit verkehrt, sondern das Gleiche für die Autonomie der Welt gilt, so dass auch die Autonomie im ontologischen Sinn der Eigengesetzlichkeit der natürlichen Welt auf Wunder, insofern sie eben Verkörperungen des Anderen, eines immanent nicht herstellbaren und reduzierbaren Wirkens sind, angewiesen ist. Um ihrer selbst willen.

Dafür ist zunächst zu klären, was überhaupt unter ‚natürlicher Ordnung' bzw. unter ‚Natur' zu verstehen ist. Wenn man keinem naiven Empirismus anhängen will, wird man einräumen müssen, dass es ‚die Natur' unabhängig von den begrifflichen Praktiken ihrer Erschließung, Deutung, Gestaltung etc. nicht gibt.[28] Die Natur liegt nicht einfach empirisch vor, sie erscheint uns immer in Vermittlung über soziale Praktiken, innerhalb derer unser begrifflicher Wirklichkeitszugang konstituiert wird. Das gilt für die mechanischen und biologischen Gesetzmäßigkeiten, nach denen die Natur funktioniert ebenso wie für die gleichsam metaphysischen, die die Frage nach übergeordneten Allgemeinbegriffen etc. betreffen. Wenn es um die

---

[28] Diese Vorstellung einer unabhängig von unseren begrifflichen Praktiken existierenden Realität bezeichnet Wilfried Sellars als „Mythos des Gegebenen", vgl: DERS., Empiricism and the Philosophy of Mind, Harvard University Press 1997. Zum Zusammenhang von Natur und Zweiter Natur vgl. auch: JOHN MCDOWELL, Geist und Welt, Frankfurt a. M. 2001.

Frage der Eigengesetzlichkeit der Welt geht, ist damit weniger die erste, sondern die zweite Natur, nicht das Sein der Natur, sondern das Sein des Sozialen im Blick: also der Ordnung, die unser Wirklichkeitsverständnis in begrifflich-normativer Weise bestimmt, unsere Vorstellungen davon, was richtig und was wahr ist. Oder, wie Hegel sagt, das Allgemeine: die normativen Gesetzmäßigkeiten der Welt, die unser theoretisches und praktisches Wirklichkeitsverständnis konstituieren, indem sie allgemeine Gelingensmaßstäbe vorgeben.

Die Frage nach der Autonomie der Natur und danach, ob sie auf ein Anderes ihrer selbst angewiesen ist, um zu gelingen, richtet sich also nicht auf die Autonomie der ersten Natur, sondern auf die Autonomie der zweiten Natur, i.e. der sozialen Praktiken des Gebens und Nehmens von Gründen, die unser begriffliches Wirklichkeitsverständnis bestimmen. In diesem sozialontologischen Sinn besteht die Autonomie der Welt, die Autonomie der zweiten Natur, darin, dass die Praktiken des Gebens und Nehmens von Gründen autonom sind: nur das als gut und wahr anerkennen, was sich innerhalb der normativen Ordnung als gut und wahr begründen lässt. Das Allgemeine – die normative Ordnung, die unser begriffliches Wirklichkeitsverständnis normiert – wird autonom bestimmt. Die Autonomie der normativen Ordnung besteht folglich darin, alle Bestimmungen durch etwas, was nicht immanent als guter Grund anerkannt werden kann, auszuschließen. Nur die Gründe, die innerhalb einer normativen Ordnung entwickelt und ausgetauscht und als gut anerkannt werden, tragen das Allgemeine.[29]

Das ist einerseits gut, wichtig, unaufgebbar: Das Allgemeine – die normative Maßgabe dafür, was gut und wahr ist – wird uns nicht durch einen jeder Begründungspflicht enthobenen König oder durch kosmische Mächte, einen transzendenten Ideenhimmel oder eben einen allmächtigen Gott einfach aufoktroyiert, das Allgemeine muss immer das sozial anerkannte Allgemeine sein, das, was sich innerhalb der sozialen Praktiken des Gebens und Nehmens von Gründen als gut und wahr erweist und bewährt. Dadurch sind Willkür,

---

[29] Zu dieser sozialpragmatisch-inferentiellen Lesart der Autonomie vgl. exemplarisch: Robert Pippin, Das Paradox der Autonomie: Kants Problem und Hegels Lösung, in: Khurana/Menke (Hg.), Paradoxien der Autonomie, 25–60, sowie: Robert B. Brandom, Expressive Vernunft. Begründung, Repräsentation und diskursive Festlegung, Frankfurt a. M. 2000.

Wahnsinn und bloße Autoritätsargumente aus dem Allgemeinen ausgeschlossen.

Andererseits liegt, wie schon auf der Ebene subjektiver Freiheit, gerade in dem normativen Ausschluss des Anderen (hier: des Anderen der normativen Ordnung) eine Tendenz zur Totalisierung, die zur Gewaltförmigkeit und Abstraktheit des Allgemeinen führen kann: Nimmt man die Praktiken, die die normative Ordnung der Welt konstituieren als autonom wahr in dem Sinne, dass sie sich nur durch solche Gründe bestimmen, die sie selbst hervorbringen und aus ihrer eigenen Praxis heraus als gut befinden, führt dies zu einer Naturalisierung des Normativen, die wirkliche Korrekturen des Allgemeinen und damit wirklichen normativen Wandel undenkbar macht.[30]

Das hat einmal etwas damit zu tun, wie uns das Normative gegeben ist, in welchem Verhältnis wir zu der normativen Ordnung, die unser Wirklichkeitsverhältnis bestimmt, stehen. Naturalisierung des Normativen heißt hier: Die Maßstäbe, die unseren Weltzugang und unsere soziale Praxis normieren sind uns so selbstverständlich und gewohnt, dass wir sie quasi automatisch und ohne groß darüber nachzudenken anwenden. Wir haben das Allgemeine so verinnerlicht, dass es uns zur zweiten Natur geworden ist.[31] Es hat sich unserem kritischen Urteil gegenüber verselbstständigt. Damit immunisiert es sich gegen Kritik. Was gilt, erscheint uns als selbstverständlich, geradezu natürlich. Was das Bestehende in Frage stellt erscheint als störend, unplausibel, deliquent, verrückt.[32]

Die Immunisierungstendenz einer in sich geschlossenen Ordnung gegen Kritik liegt begründungslogisch darin, dass wir Einzelurteile eben auf der Grundlage des sozial konstituierten Allgemeinen, dessen, was ordnungsimmanent als gut und wahr gilt, treffen. Eine Fundamentalkritik, die nicht einzelne Positionen innerhalb der Praxis des Gebens und Nehmens von Gründen, sondern deren normative

---

[30] Vgl. dazu die Kritik an inferentalistischen Konzeptionen des Allgemeinen durch Dominik Finkelde in: Exzessive Subjektivität. Eine Theorie tathafter Neubegründung des Ethischen nach Kant, Hegel und Lacan, Freiburg i. Br. – München 2015 sowie die Kritik an sozialpragmatischen Konzepten bei: Christoph Menke, Kritik der Rechte, Berlin 2018.

[31] Vgl. dazu Ders., Autonomie und Befreiung. Studien zu Hegel, 119ff.

[32] Vgl. Jacques Ranciere, Das Unvernehmen. Politik und Philosophie, Frankfurt a. M. 2002.

Grundüberzeugungen, i.e. die Maßstäbe, nach denen etwas für gut oder schlecht, als guter oder schlechter Grund bewertet wird, also das Allgemeine selbst betrifft, kann daher nicht aus der Ordnung selbst entstehen. Sie kann nicht die Form eines Produkts der Ordnung haben, deren Maßstäbe sie ja infrage stellt.[33] Diese Immunisierungstendenz ist schwierig, denn ohne die Möglichkeit von Korrektur und Wandel werden die Ideen der Wahrheit und des Guten auf Konvention reduziert: auf das, was wir (gerade oder immer schon) für gut und richtig halten. Dass eine solche Reduktion immens schwierig und mit unserer Idee des Wahren und Guten inkompatibel ist, zeigt ein Blick auf die Geschichte. Und man muss gar nicht weit zurückblicken: So galt die Praxis der Rassentrennung – und das ihr zugrundeliegende Menschenbild, das Würde und Rechte von äußeren, ‚rassischen' Eigenschaften abhängig macht – in den USA (und andernorts) bis in die Mitte des zurückliegenden Jahrhunderts als selbstverständlich. ‚Natürlich' aß ‚man' nicht im selben Restaurant wie farbige Menschen, ‚natürlich' saß man nicht nebeneinander in den öffentlichen Verkehrsmitteln, ‚natürlich' genossen weiße Menschen zahllose Privilegien, die farbigen nicht zukamen. Und blickt man noch ein wenig weiter zurück, erschien es als ‚natürlich', dass Frauen nicht zur Wahl gehen (nicht ein eigenes Konto haben, nicht eine Universität besuchen, nicht über ihren Körper bestimmen können). Und zwar, so die Annahme, weil das weibliche biologische Geschlecht eben eine andere soziale Rolle und rechtliche Stellung erforderlich macht als die des Mannes.

Damit es gesamtgesellschaftlich zu einer Irritation und Infragestellung dieser Selbstverständlichkeiten kommen konnte (und kann), bedarf es einer ereignishaften Durchbrechung des immanenten Raums der Gründe und seiner Selbstverständlichkeiten. Die Geschichte ist (Gott sei Dank) voll von solchen Interventionen des Anderen, von solchen Ereignissen der Unterbrechung, die zu einer Infragestellung des Selbstverständlichen geführt haben. Genannt seien nur einige Ikonen der politisch-normativen Innovation: Antigone, Jesus, Paulus, und neueren Datums: Martin Luther King, Rosa Parks …[34]

---

[33] Vgl. zu dem Argument: Finkelde, Exzessive Subjektivität, 111ff.

[34] Ich entlehne diese Liste einerseits Hegel und andererseits ihrer Fortschreibung durch Dominik Finkelde in: Mangel und Exzess, in: Aaron Langenfeld/Sarah Rosenhauer/Stephan Steiner (Hsrg.), Menschlicher Geist – Göttlicher

Indem sie die Geschlossenheit zweiter Natur (der normativen Ordnung, die wie Natur daherkommt: so selbstverständlich, dass wir sie als gegeben hinnehmen und nicht infrage stellen) aufbrechen, bewahren Ereignisse die normative Ordnung der Welt, das Allgemeine, davor, abstrakt und gewaltförmig zu werden. Die Autonomie der normativen Welt ist auf ein Anderes ihrer selbst angewiesen.

Wieder stellt sich die Frage: Was hat das mit Wundern zu tun? Und wieder lautet die Antwort: einiges. Denn diese Ereignisse der Unterbrechung und Transgression haben die Form von Wundern: Sie sind ereignishafte Durchbrechungen der immanenten Ordnung (des Sozialen, des Subjekts) durch eine Wirkung ‚von außen'. Wunder durchbrechen nicht die Natur, sondern zweite Natur, i.e. eine normative Ordnung, die sich gegenüber den Menschen verselbstständigt hat und gewaltförmig geworden ist. Im subjektiven wie im sozialen verkörpern Wunder ein/das Andere der Freiheit, das die Freiheit davor bewahrt, gewaltförmig und totalitär zu werden. Sie verkörpern einen Einspruch gegen die Totalität der Immanenz, die zu einer Herrschaft des Faktischen führt und gegen die Totalität des Bestimmens, die Freiheit in Herrschaft kippen lässt. Um am normativen Prinzip der Freiheit – der Freiheit des Subjekts und der Freiheit des Normativen – festhalten zu können, muss es radikalisiert werden bzw. ‚geschützt' vor der Totalisierung, die sich aus der Negation von Wundern und damit des Anderen der Freiheit ergibt.

3.5 *Wunder – um willen der Freiheit*

Die Aufgabe, die sich nun stellt, besteht darin, das Kind nicht mit dem Bade auszuschütten. Heteronomie ist keine gute Alternative zu übersteigerter Autonomie. Der antitotalitäre Einspruch, den das Wunder markiert – der Einspruch gegen die Totalität der Immanenz und die Totalität der Bestimmung – darf nicht die Form einer Ersetzung, eines entweder-oder annehmen: also entweder das Subjekt (oder die sozialen Praktiken) bestimmt selbst, oder Gott drückt ihm – sei es gegen seinen Willen oder ohne sein Wissen, jedenfalls unter Umgehung seiner Freiheit – eine Bestimmung auf. Vielmehr ist das Wunder in seiner Sprengkraft und seinem Rettungspotenzial

Geist. Beiträge zur Philosophie und Theologie des Geistes (STEP 22), Münster 2021, 291–308.

für unser modernes Selbst- und Weltverständnis nur dann richtig begriffen, wenn es dazu führt, dass das Paradigma, in dem Autonomie und Heteronomie als einander entgegensetzte Alternativen erscheinen, aufgeben wird.

Wie aber kann so etwas aussehen: eine Intervention von außen, das Ereignis einer nicht durch mich gesetzten Wirksamkeit, das meine Freiheit nicht beschneidet, eine Fremdbestimmung, die mich nicht fremdbestimmt? Um dies zu verstehen – den Unterschied zwischen Wunder und Heteronomie – muss genauer geklärt werden, was da passiert, wenn ein Wunder passiert, was diese Intervention von außen mit uns macht.

Die Intervention des Anderen in unseren subjektiven Freiheitsvollzug durch ein Wunder hat nicht die Form, dass mein Wille durch Gott gelenkt wird, etwas bestimmtes zu wollen (z. B. Menschen retten, allen die Wahrheit verkünden, ein Eremitendasein führen) oder mein Geist durch Gott einen bestimmten Gedanken empfängt (z. B. der Sinn meines/des Lebens ist xy, die erste oder letzte Wahrheit über die Welt und den Menschen ist yz). Und die ereignishafte Unterbrechung der sozialen Praktiken des Gebens und Nehmens von Gründen durch ein Wunder hat nicht die Form, dass Gott einer einzelnen Person oder Gruppe substanziell bestimmte Normen offenbart, die diese Person oder Gruppe dann dem Rest der Menschheit verkünden. Es ist diese Vorstellung von Wundern, die aufgegeben werden muss, um das Wunder retten zu können.

Das Wunder hat eine andere Form. Und die will ich anhand von drei exemplarischen modernen Erzählungen von Wundern skizzieren.

3.5.1 Das Wunder, anders zu denken oder: das Wunder der Wahrheit

Die erste Wundererzählung entlehne ich *Alain Badious* Studie zu Paulus.[35] Er erzählt das Damaskuserlebnis des Paulus als ein „Wahrheitsereignis“. Als Ereignis, das Paulus in seinem Selbst- und Weltbild erschüttert und in dessen Folge er (ganz) anders denkt, als vorher, als immer schon. Vom Saulus zum Paulus wird. Er wird vom Verfolger der Christen zu ihrem Apostel. Auf rein phänomenaler Ebene besteht das Ereignis darin, dass Paulus eine Erscheinung des

[35] Vgl. Alain Badiou, Paulus. Die Begründung des Universalismus, München 2002.

auferstandenen Christus hat. Er selbst beschreibt sie nicht näher. In der Apostelgeschichte wird ein Gespräch zwischen Christus und Paulus beschrieben: „Saul, Saul, warum verfolgst du mich?“ – „Wer bist du?“ – „Ich bin Jesus, den du verfolgst“.

Wichtig erscheint mir daran folgendes: Das Ereignis, das Paulus widerfährt, hat nicht die Form einer satzhaften Instruktion („Höre auf, mich zu verfolgen!“, „Werde Christ!“, „Verkünde meine Botschaft!“). Es schreibt Paulus nichts vor. Es unterbricht ihn in seinem Tun (dem Verfolgen von Christen). Und diese Unterbrechung deutet Badiou als Befreiung: Das Subjekt – Paulus – wird durch das Ereignis in seiner Identität, seinen zur zweiten Natur gewordenen normativen Orientierungen erschüttert und dadurch von den mit ihr verbundenen Zwängen befreit. Befreit dazu, die Welt und sich selbst anders zu sehen. Mehr passiert nicht, mehr macht das Ereignis nicht: Es macht keine Vorgaben substanzieller Art, es ersetzt nicht die eine Vorgabe durch die andere, die soziale durch die göttliche, sondern es öffnet eine Leere in der Substanz (dem Allgemeinen, als dessen bloße Besonderung sich das Subjekt bislang verstanden und gelebt hatte) und beraubt sie dadurch ihrer pseudonatürlichen Selbstverständlichkeit. Es eröffnet die Möglichkeit, anders zu sehen, anders zu denken. Und darin eröffnet es die Möglichkeit, anders frei zu sein, seine Freiheit anders bzw. überhaupt erst richtig zu ergreifen und dadurch zum Subjekt zu werden: Ein Subjekt entsteht, wenn es sich von einem Ereignis betreffen lässt und ihm in seinem Handeln die Treue hält. (Dazu später mehr.)

3.5.2 Das Wunder, anders zu handeln oder: das Wunder des Politischen/der Revolution

In der zweiten Wundererzählung, die ich *Christoph Menke* entlehne[36], geht es um das Ereignis der Berufung des Mose zum Befreier Israels. Um ein Ereignis, das Mose dazu veranlasst, anders zu handeln als bisher: nicht mehr die Autorität der Ägypter zu akzeptieren, sich nicht mehr als Teil Ägyptens wahrzunehmen, in Knechtschaft zu leben. Auf phänomenaler Ebene ereignet sich das: Moses sieht einen brennenden Dornbusch, der brennt, ohne zu verbrennen. Und

[36] Vgl. Christoph Menke, Dialektik der Befreiung. Bochumer Hegelvorlesung, in: Hegel-Studien 52 (2019) 9–33.

aus dem die Stimme des Herren spricht: „Mose, Mose" – „Hier bin ich". Dann beauftragt Gott Mose, sein Volk aus Israel zu führen in das Land, in dem Milch und Honig fließen.

Das Wesentliche dieses Ereignisses besteht nun, in Menkes (überzeugender) Deutung, nicht darin, dass Gott Mose einen Handlungsauftrag erteilt. Sondern darin, dass er ihn durch die Erscheinung des Feuers, das brennt, ohne zu vernichten, verstört. Und die Fremdheit der Erscheinung erinnert Mose an die eigene Fremdheit, an sein Fremdsein in Ägypten: daran, dass er nicht einfach Moment der bestehenden Ordnung ist. Auch hier ist es so, dass das Ereignis wesentlich ein Ereignis der Befreiung ist: Die Berufung des Mose hat nicht die Form, dass ihm eine substanzielle Utopie einer bestimmten gesellschaftlichen Ordnung offenbart ist, die umzusetzen oder einer Norm, die durchzusetzen ist. Das Handeln, zu dem Mose veranlasst wird, hat (zunächst) nicht die Form, dass er eine neue Ordnung an die Stelle der alten setzt. Es hat die Form des Exodus: des Nein zur versklavenden Ordnung Ägyptens, eines Neins, das sich als Exodus realisiert. Das Ereignis, das Dornbuschereignis, das Wunder, hat ‚nur' die Funktion, Mose zu diesem Nein zu befreien. Ihn dazu zu befreien, nein zu sagen, durch die Erinnerung daran, dass er nicht nur, nicht immer schon Ägypter ist. Oder eben: durch die Erinnerung daran, dass er frei ist.

3.5.3 Das Wunder, zur Freiheit befreit zu sein oder: das Wunder der Liebe

Die dritte Wundererzählung, übernommen von *Franz Rosenzweig* und *Eric L. Santner*[37], beschreibt weder eine Revolution des Denkens, noch eine politische Revolution, sondern ein Ereignis, das in seinen äußeren Effekten zunächst kaum wahrnehmbar ist, dass sich (zunächst) ‚nur' im Inneren des Subjekts abspielt. Und das zugleich grundstürzender nicht sein könnte. Ohne dass es weder das Wunder der Wahrheit, noch das Wunder der Revolution geben könnte.

Das Wunder, das sie beschreiben, besteht in dem Ereignis einer göttlichen Anrufung, die einem Subjekt – exemplarisch Rosenzweig selbst – widerfährt. Sie zeichnet sich zunächst nicht durch eine be-

[37] Vgl. Eric L. Santner, Zur Psychotheologie des Alltagslebens. Betrachtungen zu Freud und Rosenzweig, Zürich 2010 und Franz Rosenzweig, Der Stern der Erlösung, Frankfurt a. M. 2005.

stimmte Inhaltlichkeit aus, sondern dadurch, an wen sie sich wendet – und was das in ihrem Adressaten bewirkt. Während das Subjekt im privaten und gesellschaftlichen Raum ständig angerufen wird als jemand Bestimmtes (als Mutter/Vater, als Bürger*in, als Freund*in, …) und durch diese Anrufungen und die mit ihnen verbundenen Erwartungen zu jemand bestimmten gemacht wird[38], zeichnet sich die göttliche Anrufung dadurch aus, dass sie das Subjekt nicht in seiner sozialen Identität, darin, Besonderung eines Allgemeinen, ein bestimmter jemand zu sein, anruft, sondern in seiner Singularität. In einer Singularität, die nicht in einem substanziellen Wesenskern besteht, sondern in einer Leere: in Freiheit. Denn es ist eine Anrufung, die nicht bestimmt, deren Inhalt nichts Bestimmtes ist, sondern ein bloßes Ja, ein bloßes „Du sollst sein".

Was sie damit beschreiben, ist das Wunder der Liebe. Das Wunder, das sich ereignet, wenn sich Liebe ereignet, wenn ein Mensch Liebe erfährt, geliebt wird. Wenn ein Mensch die Erfahrung macht, gewollt zu sein, bejaht zu sein – nicht als bestimmter Jemand (weil er gehorcht, weil er etwas gut kann, weil er über bestimmte Eigenschaften verfügt, weil er eine Rolle angemessen ausfüllt), sondern in seiner Freiheit.

Liebe ist das Wunder schlechthin. Sie ist nichts, was wir uns selbst machen können und auch nichts, was wir verdienen (und damit erzwingen) können, sondern etwas, was uns nur durch den Anderen, einen anderen Menschen, geschenkt werden kann. Liebe geschieht nicht als Folge unseres Tuns und kann weder durch einen Willensakt, noch aus der Notwendigkeit einer höheren Ordnung heraus gesetzt werden. Niemand kann dazu gezwungen werden, jemanden zu lieben, weder ‚von außen', durch einen anderen, noch durch sich selbst. Vielmehr hat diese Liebe auch für den, der sie schenkt, Ereignischarakter: sie geschieht ihm mehr, als dass er sie tut oder produziert.

Es ist dieses Wunder der Liebe – der unbedingten Anerkennung unserer Freiheit – das uns aus dem normativen Zwang unserer zweitnatürlichen Identität befreit. Und es ist dieses Wunder der Liebe, das uns vom Versuch der Selbstbehauptung durch Herrschaft befreit, indem es uns das schenkt, was wir durch Herrschaft vergeblich

[38] So die Theorie der Anrufung Louis Althussers: DERS., Ideologie und ideologische Staatsapparate. Aufsätze zur marxistischen Theorie, Hamburg 1977, 108–153.

zu erkämpfen suchen: das Ja des Anderen zu uns, zu unserer Freiheit. Die Liebe befreit uns durch dieses Geschenk zu einem anderen Vollzug unserer Freiheit: Sie befreit uns davon, uns behaupten und erhalten zu müssen. Sie befreit uns davon, uns zu behaupten und zu erhalten, indem wir bestimmen, indem wir unsere Bestimmungen uns selbst, dem anderen und der Welt aufdrücken und sie dadurch zur Anerkennung unserer Freiheit zwingen. Es befreit uns also aus dem unfreien Zirkel der Herrschaft, in dem Anerkennung erkämpft und doch nie auf befreiende Weise erhalten werden kann.

Das macht das von Rosenzweig und Santner beschriebene Wunder so grundstürzend und erst grundlegend für das Wunder der Wahrheit und das Wunder der Revolution: Es ist die Erfahrung von Liebe, die uns dazu befreit, den unfreien Zirkel der Herrschaft zu überwinden, unser Bestimmenmüssen aufzugeben und aus der Freiheit zu uns selbst, dem anderen und der Welt heraus Neues zu denken und zu tun. Das Wunder der Liebe, wie Rosenzweig und Santner es beschreiben, legt offen, dass das Vermögen zum Nein, zur Revolution und zum Exodus, in einem vorgängigen Ja gründet: im unbedingten Ja zu unserer Freiheit: im Ja der Liebe.

Die drei Beispiele beschreiben Wunder als Ereignisse, die Subjekte aus den Selbstverständlichkeiten und Sicherheiten ihrer Gewohnheiten (ihrer Vorstellung davon, wer sie sind, was sie wollen und sollen, wie die Welt ist und sein soll, was gut ist und was nicht etc. etc.) herausreißen durch etwas, was ihnen ‚von außen' entgegen kommt. Und dieses Herausgerissenwerden wird als Befreiung erlebt. Als Befreiung, anders zu denken und anders zu handeln als bisher (vgl. Paulus und Moses). Und zwar nicht deshalb, weil das Ereignis inhaltlich vorgeben würde, was anders zu denken und wie anders zu handeln sei. Was das Subjekt in der Erfahrung des Wunders erfährt, ist nicht ein Befehl und nicht eine substanzielle, inhaltlich bestimmte Offenbarung. Was es erfährt, ist eine Begegnung, eine Anrede. Und diese hat keinen bestimmten Inhalt, sondern besteht in einem bloßen Ja (einem unbestimmten, unbedingten Ja): Sie besteht in einem „Du sollst sein", das sich nicht auf das Subjekt als bestimmten Jemand bezieht, sondern unbedingt ist und damit seine Freiheit als solche meint. Das Wunder initiiert das Neue dadurch, dass es die Freiheit des Subjekts freisetzt. Dadurch, dass das Ereignis das Subjekt zu einem anderen Vollzug der eigenen Freiheit als dem der Herrschaft über sich, den Anderen, die Welt befreit.

Heißt: Wunder haben die Form der Freisetzung, nicht der Bestimmung. Sie sind keine Intervention des Anderen, der/die uns (heteronom) bestimmt, zusätzliche Bestimmungen an der Autonomie der Welt und des Menschen vorbei einführt. Wunder sind nicht Ereignisse der Bestimmung; sondern Wunder sind Ereignisse der Entbestimmung, der Einführung einer Leere in die Totalität der Immanenz, einer Unterbrechung in die Aktivität der Bestimmung. Die Intervention Gottes schafft eine Leere, eine bejahte Leere, die uns ermöglicht, einen neuen Anfang zu setzen. Wunder sind Erfahrungen der Befreiung und der Freisetzung von Freiheit.

3.6 Wunder – nicht ohne Freiheit

Das ist der erste Grund, warum Wunder nicht Heteronomie bedeuten: Sie bestehen nicht in einer Bestimmung, sondern in der Freisetzung von Freiheit. Sie stellen keine Negation von Freiheit dar, sondern im Gegenteil ihre unbedingte Affirmation. Sie geschehen nicht gegen, sondern um willen der Freiheit. Und, auch das zeigen die genannten Beispiele und das ist der zweite Grund, warum Wunder nicht heteronom sind, sie geschehen nicht ohne Freiheit: Wir müssen das, was sich ereignet hat, durch unser Handeln wahr machen. Und, mehr noch, wir müssen dem, was sich ereignen soll, in unserem Handeln Raum geben, damit es sich ereignen kann.

3.6.1 Das Wunder wahr machen: Der Liebe die Treue halten

Wiewohl sie nicht initiativ in einem Freiheitsakt des Subjekts gründen – das macht ihre Wunderförmigkeit ja gerade aus – so sind Ereignisse eines Wunders doch von der Freiheit des Subjekts abhängig. Und zwar deshalb, weil sie erst dadurch real werden, dass wir sie in unserem Leben, Urteilen und Handeln wirksam werden lassen und dadurch – gleichsam rückwirkend – wahr machen (oder eben nicht). Wunder haben, ich verdanke diese Einsicht *Badiou* und *Slavoj Zizek*, eine retroaktive Struktur der Realisierung[39]: Erst indem

---

[39] Die dialektische Figur der Retroaktivität formuliert Zizek unter normativitätstheoretischem Vorzeichen als „Retroaktivität der Entscheidbarkeit“, wonach ein Ereignis erst im Licht der durch es bewirken Konsequenzen rückwirkend bewertet werden kann. Vgl. SLAVOJ ZIZEK, Die Tücke des Subjekts, Frankfurt a. M. 2001,

wir ihnen in unserem Handeln die Treue erweisen, machen wir sie wahr, gleichsam rückwirkend also.[40]

Das Wunder realisiert sich aus dem Nacheinander und Ineinander von Ereignis und Treue. Es bedarf einer ereignishaften Unterbrechung unserer Gewohnheiten, damit wir dazu befreit werden, uns selbst und die Welt anders zu sehen. Damit dieses Ereignis aber mehr sein kann, als eine kurze Störung, eine Irritation, die auftritt und (aktiv) vergessen wird, damit alles beim Alten bleiben kann, ist das Ereignis darauf angewiesen, dass das Subjekt ihm die Treue hält. Indem es sich zum Ereignis, zu dem, was ihm widerfahren ist, dem, was es erfahren hat, bekennt. Erst dieses Bekenntnis macht das Ereignis zu etwas Realem und Sichtbaren.

Das heißt aber: Das Wunder befreit uns nicht nur passiv, indem es uns ein Ja zuspricht. Es stellt uns in die Verantwortung, unsere Freiheit selbst aktiv zu ergreifen, um dem, was wir erfahren haben, die Treue zu halten. In und durch die Treue zum Ereignis übernimmt das Subjekt seine Freiheit erst auf freie Weise. Treue ist sozusagen ein wahrer Freiheitsakt, denn sie erfordert, dass wir Gewohnheiten infragestellen, dass wir aufhören, das Selbstverständliche zu denken und zu tun, dass wir selbst denken und handeln – in Treue zu dem, was uns widerfahren ist. Sie erfordert den Entschluss, dem, was man erfahren hat, was man als unbedingt bedeutsam erfahren hat, die Treue zu halten, es nicht untergehen zu lassen und bedeutungslos werden zu lassen. Sie erfordert, das, was uns immer schon bestimmt hat (das Gewohnte) beiseite zu legen und eine andere Bestimmung an dessen Stelle zu setzen. In der Treue zum Ereignis setzen wir tatsächlich einen Anfang, statt nur weiterzuführen, was aus dem Gewohnten und Üblichen heraus naheliegt.

Auch das Wunder der Liebe stellt uns in die Verantwortung, ihm die Treue zu halten, der Liebe die Treue zu halten. Denn die Erfahrung der Liebe enthält aus sich heraus die Verpflichtung zur Erwiderung und Weitergabe der Liebe. Liebe will sich nicht eifersüchtig bewahren und in sich abschließen, sondern verschenken. Sie treibt über sich, über das schöne Selbstgefühl, aber auch über die private Erfüllung in trauter Zweisamkeit hinaus auf eine Praxis der Nächs-

---

183ff. Sie wird in freiheitstheoretischer Perspektive aufgegriffen und weitergeführt von Christoph Menke in: Dialektik der Befreiung, 18f.

[40] Vgl. dazu Badiou, Paulus, 166f.

tenliebe. Die Liebe stellt mich in die Verantwortung, sie, diese Liebe wahr zu machen. Und zwar nicht nur gegenüber meinem Liebsten, sondern gegenüber meinem Nächsten. Also jedem Menschen.[41]

3.6.2 Dem Wunder Zukunft geben: Liebe sich ereignen lassen

Dass es Wunder nicht ohne unsere Freiheit gibt, liegt darüber hinaus darin, dass sie (ich referiere hier auf *Jacques Derrida*) eine messianische (oder eschatologische) Struktur der Realisierung haben. Sie haben die Struktur des „schon und noch nicht". Derrida beschreibt das in seinem Essay zu Walter Benjamin am Beispiel der Gerechtigkeit.[42] Wir können Gerechtigkeit nicht machen oder herstellen. Sie ist etwas „was gar nicht durch die bloße Anwendung eines Verfahrens erreicht werden kann und dennoch zum Grund dafür wird, die gegenwärtige Situation auf etwas Neues hin zu verändern. ‚Gerechtigkeit' wird so zum (an der Zu-kunft ausgerichteten) Kriterium für das Handeln hier-und-jetzt."[43] Obwohl sich Gerechtigkeit nicht machen lässt, sondern nur ereignen kann, ist die Hoffnung auf das Eintreten dieses nicht herstellbaren und nicht erzwingbaren Ereignisses doch derart, dass sie unser gegenwärtiges Handeln bestimmt, dass sie uns schon jetzt versuchen lässt, gerecht zu sein. Indem das Subjekt sein Handeln an einem zukünftigen Ereignis ausrichtet, nicht, um es zu erzwingen, sondern um ihm den nötigen Raum zu geben, lässt es das Kommende schon im gegenwärtigen Handeln erfahrbar werden.

Das gleiche gilt für das Wunder, das Wunder der Liebe: Wiewohl ich Liebe nicht herstellen kann, weder in einem anderen Menschen, noch in mir selbst, wiewohl sich Liebe also nur in unverfügbarer Weise ereignen und schenken kann, so stehe ich doch in der Verantwortung, meinen Nächsten zu lieben. Ich stehe in der Verantwortung, so zu handeln, dass sich in meinem Tun Liebe ereignen kann.[44]

---

[41] Vgl. Eric L. Santer, Miracles happen: Benjamin, Rosenzweig, Freud, and the Matter of the Neighbor, in: Kenneth Reinhard/Eric L. Santner/Slavoj Zizek, The Neighbor. Three Inquiries in political Theology, Chicago 2013, 76–133.

[42] Jacques Derrida, Gesetzeskraft. Der ‚mystische Grund der Autorität', Frankfurt a. M. 2013.

[43] Peter Zeillinger, Offenbarung als Ereignis. Zeitgenössische Philosophie, die Rede von Gott und das Sprechen der Bibel, in: SThZ 21 (2017) 25–101, hier: 71.

[44] Vgl. zum Gedanken einer Ethik der Verantwortung: Emmanuel Levinas, Die

Das Ereignis verpflichtet mich so zur Freiheit, schon bevor es sich ereignet hat: Es verpflichtet mich dazu, das Ja der Liebe nicht nur zu empfangen und zu verkosten, sondern es meinem Nächsten zuzusprechen, so dass sich Liebe ereignen kann. Indem wir in Verantwortung des Ereignisses, das wir nicht machen können, handeln, gibt es eine „Offenheit der Gegenwart für das Ankommen der Zukunft schon jetzt."[45]

3.7 Das Wunder – ein Grund, anders zu denken

Die Frage nach Wundern, so hatte ich eingangs vorgeschlagen, ist letztlich eine normative Frage, eine Frage danach, wie, auf welche Art, wir frei sein wollen. Sagt man, es soll keine Wunder geben, heißt das: Ich will so frei sein, dass ich nur durch mich selbst bestimmt bin. Es soll keine Wunder geben heißt: Es gibt nichts, was mir einfach widerfährt und mich von außen – gegen meinen Willen – in meinen Entscheidungen bestimmen kann; es gibt nur mich: das freie Subjekt, das sich seine Bestimmungen selbst gibt. Und ich bin je freier, je mehr ich ausschließlich durch mich selbst und meine Setzungen bestimmt bin. Sagt man dagegen, es soll Wunder geben, dann heißt das: Ich will meiner Freiheit eine andere Form geben als die reiner Autonomie. Ich will meine Freiheit anders denken und leben als in Form bloßen Bestimmens.

Ich hoffe, dass ich zeigen konnte, dass und warum das nicht das Ende modernen Freiheitsdenkens bedeutet. Sondern seine Aufhebung. Das Wunder zu wollen bedeutet die Aufhebung des modernen Paradigmas der Autonomie in das der Liebe. Im Paradigma der Liebe ist die Freisetzung, nicht die Bestimmung von Freiheit der höchste Freiheitsvollzug. Die höchste Verwirklichung von Freiheit besteht darin, andere Freiheit zu wollen – und nicht darin, sie zu beherrschen. Mit dem Geschenk des vorbehaltlosen Ja der Liebe wird individuell und paradigmatisch der Zustand autonomer Subjektivität von seinem Selbstbehauptungszwang erlöst zu einem Sein beim Anderen, das nicht heteronomes Bestimmtwerden, sondern höchste Selbstverwirklichung bedeutet: Und das markiert den Übergang von Autonomie zu Liebe.

Spur des Anderen. Untersuchungen zur Phänomenologie und Sozialphilosophie, Freiburg i. Br. – München 1999.

[45] ZEILLINGER, Offenbarung, 75.

Autonomie wird in Liebe aufgehoben. Nicht vernichtet. Denn Liebe ist ja nicht Selbstaufgabe, sondern mit Hegel freie Bejahung der Selbstentäußerung an das Andere. Sie ist das freie Ja zur Freiheit des Anderen. Das freie Ja dazu, durch den anderen bestimmt zu werden. Das kann nur dem als Selbstaufgabe erscheinen, der glaubt, man wäre je mehr man selbst, desto stärker man sich abgrenzen und bewahren würde, dem also, der Freiheit kompetitiv versteht: als Kampf um Bestimmung, um Selbsterhalt. Aber wer sich bewahren will, der wird sich verlieren.

Das ist das eine: Liebe ist nicht das Ende, sondern der Anfang freien Selbstseins.

Das andere ist: Liebe ist der Anfang von Freiheit. Von Freiheit nicht im Sinne der Bestimmung, sondern der Verantwortung. Liebe will verantwortet werden: Die Erfahrung der Liebe lässt sich (normativ gesehen) nicht reduzieren auf das private Glück, auf selig-symbiotische Zweisamkeit. Will man der Liebe, die man erfahren hat, die einem geschenkt wurde, die Treue halten, reicht es nicht, sie zu erwidern (was manchmal ja schon schwer genug ist, das soll nicht in Abrede gestellt werden). Liebe lässt sich nicht in Exklusivität leben, sie verpflichtet auf eine Praxis der Nächstenliebe, die nicht nur den/die Partner*in, sondern den Nächsten meint. Dass wir geliebt sind, dass wir immer schon geliebt sind, ist nicht nur eine Zusage, die uns ein warmes Gefühl gibt. Es stellt uns in Verantwortung. In die Verantwortung, der Liebe gerecht zu werden, uns zur Liebe zu bekennen, die Liebe real werden zu lassen in unserem Handeln, in unserem Umgang mit dem Nächsten. Es stellt uns in die Verantwortung, die Welt und jedes Leben so zu lieben, wie auch wir geliebt sind.

Wunder stehen so für eine Radikalisierung modernen Freiheitsdenkens durch die Aufhebung des Autonomieparadigmas in das Paradigma der Liebe. Sie sind Einsprüche gegen eine sich totalisierende und dadurch unfreie Freiheit um willen einer Freiheit im emphatischen Sinn, einer Freiheit, die nicht aus der Herrschaft über den Anderen, die Welt und sich selbst besteht, sondern ihre höchste Verwirklichung in der Liebe findet: in der Bejahung der Selbstentäußerung an den Anderen, die den Anderen – den Nächsten – freisetzt, statt ihn zu bestimmen. Der Glaube an Wunder bedeutet also nicht, dass wir unsere Verantwortung für unser Leben, das Leben anderer und die Welt als ganzer abwälzen auf einen transzendenten Akteur, dessen Intervention(en) schon alles heilen und glätten werden. Es heißt ganz im Gegenteil, in der Verantwortung zu stehen dafür, dass vergangene Ereignisse real werden und dass Ereignisse sich zukünftig ereignen können. Oder: In der Verantwortung zu stehen für die Liebe, für das Ja, das jedem vorausgeht dadurch, dass er ist, und das doch jedem zugesprochen werden muss dafür, dass er wirklich sein kann.

4. Fazit: Das Wunder – ein Grund (an Gott) zu glauben?

Aber was bedeutet das für unsere Frage danach, ob es Gott gibt? Genauer: ob es gute Gründe gibt, an Gott zu glauben? Liefern Wunder in dem vorgeschlagenen Verständnis – Ereignisse der befreienden Intervention eines Anderen in unsere Welt und unsere Freiheit, Ereignisse der Liebe, die uns befreien und in die Verantwortung nehmen – Gründe für den Glauben an Gott? Kann nur ein Gott Wunder bewirken? Oder lässt sich das Wunder säkularisieren? Wenn Wunder so basal sind für unsere Freiheit, wie die Beispiele und die freiheitstheoretisch-ontologische Strukturanalyse nahelegt, sind sie dann nicht selbst Moment dieser Wirklichkeit? Also Formen immanenter Transzendenz? Warum soll es sich dabei um göttliche Interventionen handeln? Reicht denn die Liebe, als Liebe zwischen zwei Menschen und als säkulares Ideal der Nächstenliebe nicht?

Ja und nein.

Ja, die zwischenmenschliche Liebe reicht. Mehr haben wir nicht und mehr können wir nicht tun. Denn, nochmal, von Wundern ist nicht zu erwarten, dass sie uns unsere Verantwortung für uns selbst und füreinander abnehmen. Wunder sind keine interventionistischen Bestimmungen durch Gott. Selbst wenn Wunder ‚von Gott kommen', dann ‚nur' in der Form, dass Gott der ist, der uns dazu befreit, unsere Freiheit auf wunderbare Weise zu vollziehen: als Liebe, als zwischenmenschliche Liebe.

Und nein. Es reicht nicht. Denn wenn wir das Wunder säkularisieren, wenn wir Gott streichen, verlieren wir alles.

Wir verlieren das Fundament und den Horizont: Wir verlieren das unbedingte Ja des Anfangs, des *principiums*, das jedem Menschen qua Geschöpf immer schon zugesprochen ist – und ihn bejaht, geliebt sein lässt, unabhängig davon, ob er das Glück hat, in seinem Leben auf liebende Menschen zu stoßen. Und wir verlieren die, die nicht mehr handeln und verändern und schaffen und lieben können: Wir verlieren die Toten. Das säkularisierte Wunder ist wunderbar nur für die, die am Leben sind und noch kommen werden. Maximal für sie. Damit verlieren wir die Möglichkeit universeller statt nur punktueller und prospektiver Gerechtigkeit. Und das heißt, wir verlieren die Möglichkeit von Gerechtigkeit überhaupt, weil diese keine Exklusion zulässt.

Das Wunder so zu denken, dass es in Gott gründet, bedeutet, jedes Ereignis der Liebe so zu verstehen, dass es das anfängliche Ja, das Gott zur Schöpfung gesprochen hat, durch das er die Welt als ganze und jedes einzelne Leben in ihr ins Leben rief, aktualisiert. Und es bedeutet, das Ja des Anfangs als so stark und befreiend zu hoffen, dass die Liebe in jedem Leben – dem gegenwärtigen, dem kommenden und dem vergangenen – Wirklichkeit wird.

Es ist offensichtlich: Die Gründe, vom Wunder zu Gott zu gehen statt es rein säkular als Ereignis immanenter Transzendenz zu deuten, sind nicht zwingend (wenn auch sehr stark, wie ich finde). Die Gründe sind normativer Natur: Die Welt (als ganze und jedes einzelne Leben in ihr) soll gut sein und gut enden. Niemand, und sei er noch so unbedeutend und klein und schwach und unansehnlich und ungeliebt, soll verloren gehen. Damit ist auch die religiöse Deutung von Wundern (wie schon die freiheitstheoretisch-säkulare) keine theoretisch-spekulative Angelegenheit, sondern ein Handlungsauftrag: die Forderung, den Glauben an das Gutsein der Welt im eigenen Handeln wahr zu machen. Gerade der Glaube daran, dass Wunder von Gott gewirkt sind, entbindet nicht von der Verpflichtung zu praktischem Engagement für die Liebe, sondern er verschärft sie, indem er von und zugleich zu ihr befreit: „Ein neues Gebot gebe ich euch, dass ihr euch untereinander liebt, wie ich euch geliebt habe, damit auch ihr einander lieb habt. Daran werden alle erkennen, dass ihr meine Jüngerinnen und Jünger seid, wenn ihr Liebe untereinander habt.“ (Joh 13,34–35)

Kommentare

Was meinen wir mit ‚Liebe'? (Aaron Langenfeld)

Von denen in diesem Band versammelten Texten hat Sarah Rosenhauers Beitrag sicherlich die größte Nähe zu meinem eigenen Argument. Erfahrung zum Ausgangspunkt religiösen Denkens zu machen und die formale Frage nach Gott so als ursprünglich inhaltlich qualifiziert zu denken, leuchtet mir unmittelbar ein und umgeht meiner Ansicht nach einige Grundprobleme formalistischer Scheindebatten um die Existenz Gottes.

Bestechend ästhetisch finde ich auch den Vorschlag, den Begriff der religiösen Erfahrung, näherhin den Begriff des Wunders nicht allzu sehr an die alltägliche Erfahrung anzugleichen, um ihn nicht seiner dynamisierenden und transformierenden Pointe zu berauben. Diese Spitze beschreibt Rosenhauer im semantischen Akkord des Wunders der Wahrheitserkenntnis, der Befreiungserfahrung und der Liebe. In allen drei Dimensionen passiert, wenn ich richtig sehe, nicht einfach das Erwartbare, sondern jeweils etwas radikal Neues, dessen Ereignis nicht bzw. nicht alleine in meiner Hand liegt.

Eine erste offensichtliche Anfrage könnte hier lauten, ob so nicht die Gefahr droht, dass die Befreiung zur Wahrheitserkenntnis und die ein neues Handeln ermöglichende Befreiung missbrauchsanfällige Kategorien sind. Welche Kriterien verhindern an dieser Stelle also, dass nicht auch eine renitente Leugnung wissenschaftlicher Erkenntnisse oder gar zerstörerische Gewalt als Konsequenz einer höheren Einsicht in die Wahrheit und einer befreiten Freiheit gedeutet werden? Wenn ich Sarah Rosenhauers Akkord allerdings richtig verstehe, stellt für sie das Wunder der Liebe formal und inhaltlich das Integral von Wahrheit und Freiheit dar. In der Liebe, in der Erfahrung ursprünglichen Anerkanntseins ereignet sich so die Bestimmtheit von Wahrheit und Freiheit, sodass es um *konkrete* Erkenntnis und Handeln aus Liebe geht. Es geht also zuletzt gerade nicht darum, Freiheit als Verabsolutierung des eigenen Willens zu begreifen, sondern als Form eines Anerkennungsgeschehens, in dem objektive Bestimmtheit und subjektive Möglichkeit dialektisch miteinander verschränkt sind.

Anfragen will ich an dieser Stelle dreierlei: *Erstens* bleibt für mich die Frage offen, ob die so gefasste Bestimmung des Wunders tatsächlich davon profitiert, dass sie begrifflich vor einer Angleichung an das Alltägliche geschützt werden soll. Bestünde nicht gerade eine Stärke des Wunderbegriffs darin, dass die ihm eigene Befreiung zur Erkenntnis und Liebe in ihrer ganzen Fragilität in den ganz gewöhnlichen Situationen unseres Lebens stattfinden? Zwar ist mir der Impuls nachvollziehbar, dass das Wunder der Liebe nicht aus innerweltlichen Zusammenhängen abgeleitet werden kann, aber würde das nicht gerade dafür sprechen, dass man die Verortung des Wunders nicht noch einmal beschränkt, sondern schlicht *überall* mit ihm zu rechnen ist? Freundschaften, die lange andauern, verlieren z. B. in meiner Wahrnehmung nicht ihren befreienden Charakter, obwohl die ihnen innewohnenden Gewohnheiten auch ein Moment des Abgeleiteten besitzen.

Damit ist *zweitens* die Frage verbunden, ob die Alltäglichkeit des Wunders nicht auch auf eine Ebene des Begriffs der Liebe verweist, der bei Rosenhauer – in meinem Beitrag im Übrigen auch – zu kurz kommt und theologisch allgemein oft unterschlagen wird: Liebe wird doch nicht selten auch mit der Erfahrung der Eifersucht, des Scheiterns und der Gebrochenheit in Verbindung gebracht oder wie es in einem Rocksong der Band *Thundermother* zugespitzt heißt: „Love is a dog from hell!" – Liebe ist ein Höllenhund. Ist das Konzept der Liebe also nicht gewissermaßen selbst zu einer normativen Ordnung, einer zweiten Natur geworden, die bisweilen romantisch überformt ist und die eigene Freiheit hoffnungslos überfordert, weil die Wirklichkeitserfahrung personaler Beziehungen nicht mit der antizipierten Befreiungserfahrung zusammenpasst? Rosenhauer verweist selbst auf den Aspekt, dass Liebe immer auch ein Anspruch an die Freiheit ist und in diesem Sinne vor einer falschen Romantisierung geschützt werden kann. Für die Theologie produktiv erschiene es mir darüber hinaus aber, auch die Ambivalenz der Erfahrung selbst neu zu bedenken, wenn sie den Begriff der Liebe gebraucht.

Denn, *drittens*, wenn gilt, dass Gott der Erfahrung der Liebe nicht äußerlich bleibt, sondern vielmehr die Erfahrung der Liebe im religiösen Denken auch Erfahrungen Gottes sind, dann müsste auch dieses Moment der Ambivalenz einen Ort am Begriff Gottes selbst haben. Was würde es bedeuten, dass die Erfahrungen der Eifersucht und des Scheiterns an der Liebe noch einmal Erfahrungen Gottes sind? Diese Fragen können hier freilich nicht mehr beantwortet werden, gleichwohl wäre es spannend, vertieft über sie nachzudenken.

„Es soll Wunder geben" – Normative Gründe für Gott (Fana Schiefen)

Ein Argument für die rationale Rechtfertigung des Glaubens an Gott durch die religiöse Erfahrung der Nähe Gottes, die sich als Liebe offenbart, mag vielleicht für manche überraschend sein. Besonders weil Rosenhauer gerade an der außergewöhnlichsten aller Erfahrungen ansetzt und an ihr festhalten will: dem Wunder. Das ganz große Kino für Gott scheint doch in säkularen Erfahrungen und Diskursen eher passé. Aber die Rezeption der Argumente für Gottes Existenz aus religiöser Erfahrung hat gezeigt, dass die Relativierung der außergewöhnlichen Erfahrungen durch die Implementierung in rein immanente und herkömmliche Deutungen letztlich zu einer Relativierung eben dieser Erfahrungen selbst sowie ihrer Überzeugungskraft geführt hat. Dieser Holzweg muss also nicht weiter beschritten werden. Im Gegensatz dazu lautet der Rettungsversucht also: „Es soll Wunder geben." Das normative Moment verweist auf die Unverzichtbarkeit der Transzendenz. Das Wunder ist eine Erfahrung, die in irgendeiner Weise über den oder die Erfahrende hinausweist und etwas Neues, Anderes ermöglicht. Rosenhauer verspricht sich von diesem Argument mehr als einen rein theoretischen Möglichkeitsaufweis für die Existenz Gottes. Ihr argumentativ dichter und normativ aufgeladener Reflexionsgang setzt mit einer entschiedenen Kritik an und Zurückweisung von zwei anderen normativen Prinzipien der Moderne ein: die Autonomie des *Subjekts* und die Autonomie der *Welt* sowie mit einer Radikalisierung des Freiheitsverständnisses. Durch diese Zurückweisung einerseits und die Radikalisierung andererseits versucht Rosenhauer die religiöse Erfahrungskategorie des Wunders neu zu konfigurieren und für postsäkulare Diskurse zu erschließen. Daran anschließend, kann es nicht mehr um einen Wunderglauben gehen, der sich in der kausalen Intervention Gottes in der Welt manifestiert. Aus der Kritik an einem interventionistischen Theismus und der oft mit ihr intendierten extrinsezistischen Glaubensbegründung erwächst eine andere Rechtfertigungsstrategie für das Wunderargument. Die These lautet: „Wir sollen an dem Glauben an Wunder festhalten, nicht obwohl sie unser Welt- und Selbstbild infrage stellen, sondern weil sie es tun." Irritation und Infragestellung des Selbstverständlichen bedürften einer „ereignishaften Durchbrechung des immanenten Raums der Gründe und seiner Selbstverständlichkeiten".

Kurz gesagt: Wunder verunsichern. Wie aber können Irritation und Infragestellung zum Bestandteil einer Begründung werden? Diese Provokation führt die Gottesbeweisthematik aus dem (bescheideneren aber auch selbstreferentiellen) Feld der Selbstvergewisserung und internen Reflexion weit hinaus ins Offene, Ungewisse, ins Wagnis des Glaubens ... und darin sehe ich das größte Potential aber auch die größte Gefahr für dieses Argument.

Das Wunder weist ein eigentümliches doppeltes Paradox auf: Einerseits will es nicht erklärt und verstanden werden, dann ist es ja kein Wunder mehr. Andererseits ist es erst ein Wunder (und nicht nur ein Rätsel), wenn jemand es als ein eben solches für sich deutet, d. h. es aus vom geltenden rationalen, erklärbaren Bereich unterscheidet. Wie kann es aber dann für die rationale Rechtfertigung religiöser Überzeugungen verwendet werden?

Das Wunder übersteigt die menschliche Vorstellungskraft und immanente Begründungszusammenhänge. Es irritiert sie und stellt sie radikal in Frage. Damit ist aber noch nicht erwiesen, warum und wie ihr eine Begründungsfunktion für Glaubensüberzeugungen zukommen kann bzw. in welchem „Raum" sich diese erfüllt. Anders gefragt: Die Metaphern des Herausgerissenwerdens, der Freisetzung und Befreiung[46] tragen zu Öffnung des immanenten Begründungsdiskurses bei. Hier soll das normative Prinzip der Liebe zur Geltung kommen. Diesem Paradigma ist aus christlicher Sicht unbedingt zuzustimmen. Das könnte das Kriterium sein, um aus dem irritierenden Widerfahrnis ein gedeutetes Ereignis – sprich eine (religiöse) Wunder-Erfahrung zu machen. Setzt man das Paradigma zu früh ein, ist eine echte Irritation ausgeschlossen. Setzt man es zu spät ein, zwängt man es wieder in den Raum der immanenten Gründe.

Das Freiheitsdenken der Aufklärung wird noch einmal aufgeklärt. Die Radikalisierung der Freiheit kann dann noch etwas anderes für die Rehabilitierung des Erfahrungsarguments leisten. Es schützt gewissermaßen das *Argument aus der religiösen Erfahrung* vor einer Verschiebung in ein *Argument aus dem Bedürfnis bzw. Ideal.* Die Sehnsucht nach Anerkennung, Gerechtigkeit und Liebe, das Scheitern und die Erfahrung der eigenen Unzulänglichkeit wird auch

---

[46] Dass auch diese Phänomene bleibende Macht – bzw. Herrschaftsstrukturen reproduzieren können, zeigen beispielsweise auf globalgeschichtlicher Ebene postkoloniale Studien auf.

hier als kontrafaktische Erfahrung eines Bedürfnisses gedeutet. Das Streben nach einem verantwortungsvollen, solidarischen oder respektvollen Miteinander, kurzum die Realisierung der Freiheit sind menschliche Idealvorstellungen. Manche Religionen – und die christliche gehört selbstverständlich dazu – schreiben diese Ideale ihrem Gott ein. So auch hier, wenn Gott als die Liebe bestimmt wird. Der Ausweis der Vernünftigkeit des Glaubens verschiebt sich auf die Ebene der Vernünftigkeit des Ideals, welche sich weitaus leichter aufzeigen lässt. Ein Ideal gilt in der Gesellschaft gemeinhin als vernünftig, wenn es sich als für sie nützlich erweist. Ein Problem tritt allerdings dann auf, wenn die Vernünftigkeit der Religion nur noch an ihrem Nutzen für die Gesellschaft gemessen wird. Diese funktionalistische Perspektive auf Religion, wie sie beispielsweise durch Habermas vertreten wird, wird dem Glauben nicht gerecht. Es ist die große Herausforderung für rationale Theologien im postsäkularen Zeitalter, also jener Zeitdiagnose, die den Rückgang der Religionen in post-industriellen Gesellschaften bestreiten und einen anderen Umgang mit der bleibenden Rolle der Religion fordern. Wie steht es dann um den Wahrheitsanspruch der Religionen? Schließlich können verschiedene Religionen den gleichen Nutzen für eine Gesellschaft haben. Oder anders gefragt: Kann das Urteil über den Nutzen religiöse Überzeugungen rational rechtfertigen oder nur religiöse Verhaltensweisen evaluieren? Woran ließe sich eine Bewährung in der Praxis messen? Eine solche Argumentation kann zu einer funktionalistischen Reduktion des Religionsbegriffs führen. Dieser Gefahr versucht Rosenhauer zu entgehen. In ihrer Argumentation werden menschliche Bedürfnisse (und eben auch explizit kontrafaktische) ernstgenommen. Als naiv wird der Wunderglaube charakterisiert, der auf eine Bestimmung und nicht auf ein Freigeben abzielt. Kann man aber das Wunder eigentlich im Vorfeld so bestimmen? Bleibt es nicht letztlich doch ein Bedürfnis bzw. ein Ideal, dass die einzig vernünftige Bestimmung eine Geste des Freigebens ist?

Erst ganz zum Schluss kommt Rosenhauer auf die Frage nach dem Glaubensgrund zurück. Liebe ist in der hier vorgelegten Definition weit mehr als das säkulare Ideal der Nächstenliebe. Mittels der hegelianischen Figur der Aufhebung von Freiheit und Autonomie in Liebe und Verantwortung verwehrt sich Rosenhauer gegen eine funktionalistische Verkürzung. Hier haben wir ein starkes Kriterium für die Rationalität des Glaubens. Setzt die Intervention des christlichen Gottes die Möglichkeit eines neuen Anfangs? Offen bleibt jedoch, warum das Ja des Anfangs (nur) mit dem christlichen Gott identifiziert werden soll. Macht doch auch diese Argumentation auf die Vielfältigkeit der Wege zu Gott aufmerksam und ist somit interreligiös und interkulturell anschlussfähig. Auf dem hier beschrittenen Weg wäre vielleicht eine noch weitere Öffnung möglich. Es muss gar kein Argument aus religiöser Erfahrung sein. Es ist ein Argument aus Freiheit. Diese kann in religiösen Spielarten erfahren werden, muss sie aber nicht und somit ist es im besten Fall und Sinne auch ein Argument für den Glauben an einen Gott der Freiheit.

Kant vs. Hegel – oder: Was zeigt das Argument aus der religiösen Erfahrung? (Martin Breul)

Das Argument aus der religiösen Erfahrung wird bei Sarah Rosenhauer auf sehr raffinierte Weise gewendet, da sie gleich mehrere Stellschrauben der Rechtfertigung des religiösen Glaubens bewegt und weit über klassische Argumente aus der religiösen Erfahrung hinausgeht. Es geht Rosenhauer nicht um einen Beweis des Glaubens aus der vermeintlichen Autorität religiöser Erfahrungen, sondern um das Unterbrechen unseres Selbst- und Weltbilds durch ‚Wunder', also durch das Hereinbrechen eines Anderen unserer Selbst, unserer Freiheit und unserer Vernunft. Das neuzeitliche Autonomieparadigma wird von ihr hegelianisch fortgeschrieben, da sie zeigen möchte, dass Autonomie letztlich in Liebe aufgehoben werden müsse. Liebe aber ist auf Widerfahrnisse von außen angewiesen, sie entzieht sich ja gerade der Kontrolle des autonomen Subjekts und kann ihr nur geschenkt werden. Freiheit soll damit gerade nicht vernichtet, sondern noch einmal auf eine höhere Stufe gestellt werden – und dieses Hereinbrechen des Anderen der Freiheit in die Freiheit kann, Rosenhauer zufolge, mit guten Gründen als erfahrbarer Einbruch Gottes in die Immanenz der Welt gedeutet werden. Die Erfahrung der Verdanktheit und Unverfügbarkeit dessen, was uns im Leben am wichtigsten ist, legt nahe, den Grund dieser Erfahrungen in Gott zu verorten und die Wirklichkeit Gottes zu behaupten.

Dieses Argument ist höchst interessant und provoziert in seiner hegelianisch inspirierten Kritik am modernen Autonomiebegriff zugleich verschiedene Rückfragen. Rosenhauer reichert das aufklärerische Freiheitsdenken in den Spuren Hegels und der Anerkennungstheorie so an, dass Freiheit und Autonomie letztlich nur ‚Zwischenstationen' auf dem Weg zu Anerkennung und Liebe – und damit zu ‚wahrer Freiheit' – sind. Es geht ihr darum, die Exzesse des Autonomiedenkens, welches sie der selbstabschließenden Totalität verdächtigt, wenn sich Freiheit selbst verabsolutiert, zu entlarven und Freiheit auf ein Je-Größeres hinzuordnen, welches sich als Liebe – und in religiöser Deutung dann auch als das Göttliche – bezeichnen lässt. Unstrittig ist in meinen Augen, dass Freiheit nicht einfach ‚da ist', sondern sich Prozessen der naturgeschichtlichen Ontogenese und der kulturgeschichtlichen Sozialisation des Individuums verdankt. Das Vermögen der Freiheit und das Vermögen der Autonomie beruht auf bestimmten organischen Voraussetzungen und Potenzialen, die aktualisiert werden müssen. Strittig ist dann aber, inwiefern aus dieser Notwendigkeit eines ‚Anderen der Freiheit' bereits auf die Inadäquatheit des Autonomiekonzepts geschlossen werden kann. Ich frage mich, ob Rosenhauers Begriff von Autonomie nicht zu einseitig die Dimension des Herrschen-Wollens, des Sich-Bemächtigens, kurz: des herrschsüchtigen, möchtegern-allmächtigen Subjekts betont. Ist das nicht die Konstruktion eines Strohmanns, der die eigentliche Pointe des neuzeitlichen Autonomiedenkens verfehlt?

Erst gegen diese Kontrastfolie eines Begriffs von Autonomie als Beherrschungsfantasie lässt sich die große Alternative eines Freiheitsverständnisses, das durch Liebe getragen ist, entwickeln. Aber sind das Paradigma der Autonomie und das Paradigma der Liebe wirklich Gegensätze, zwischen denen eine moderne Freiheitstheorie sich entscheiden muss? Ist es nicht möglich, die vielfältigen Belege der Notwendigkeit von Beziehungen und Intersubjektivität für die Entstehung von Freiheit – Rosenhauer verweist exemplarisch auf die evolutionäre Anthropologie Michael Tomasellos – mit einem Konzept von Autonomie zusammenzudenken, das nicht auf Weltbeherrschung, sondern auf vernünftige Selbstgesetzgebung abzielt?

Wenn dies gelänge, könnte man vielleicht einem zweiten Problemüberhang begegnen, den ich als ein ‚Primat der Passivität' bezeichnen würde. Rosenhauer geht es beileibe nicht darum, freie Subjekte als der Erfahrung des Anderen ausgelieferte Wesen zu beschreiben – sie betont die Verantwortung des Einzelnen, sich zu dem, was als Wunder über sie hereinbricht, zu verhalten und dem, was erfahren wird, die Treue zu halten. Kommt damit aber die Freiheit nicht zu spät? Ist Freiheit nur die nachträgliche, gewissermaßen nachklappende Option des Sich-Verhalten-Könnens zu etwas, das zuvor passiv über einen hereingebrochen ist? Oder müsste nicht eine Gleichursprünglichkeit von Widerfahrnis und Deutung, von Passivität und Aktivität ausgesagt werden, der zufolge es keine Interpretationen ohne Widerfahrnisse gibt, aber eben auch keine uninterpretierten Widerfahrnisse? Letzteres erscheint aufgrund der begrifflichen Gebundenheit jeglicher menschlicher Erkenntnis unabdingbar, ersteres aufgrund der Notwendigkeit von Erfahrungen, die das Material unserer Deutungspraxen bereitstellen.

Diese beiden Rückfragen zielen auf freiheitstheoretische Erwägungen. Meine dritte und letzte Rückfrage zielt auf die geltungslogische Reichweite des vorgelegten Arguments. Die Frage, die in der lebensweltlichen Alltagspraxis entscheidend dafür ist, ob wir eine Erfahrung als Grund von Erkenntnis akzeptieren, ist ihre *intersubjektive Plausibilisierbarkeit.* Eine Erfahrung sollte, wenn sie zur Rechtfertigung eines Geltungsanspruchs herangezogen wird, allgemein teilbar oder zumindest lebensweltlich anschlussfähig sein. Immer dann, wenn eine nur erstpersönlich zugängliche, außeralltägliche Erfahrung als Grund einer Erkenntnis gesetzt wird, die nicht ohne weiteres intersubjektiv plausibel gemacht werden kann, ergibt sich das theologische Problem der Willkür: Könnte man nicht alles Mögliche mit Verweis auf eine außeralltägliche Erfahrung rechtfertigen? Nach welchen Kriterien könnte das Widerfahrnis des Anderen der Freiheit beurteilt werden – wann handelt es sich um einen göttlichen Sinnhorizont der Liebe, und wann um eine Halluzination? Oder, mit Blick auf die Zentralkategorie des Wunders gesprochen: Wie unterscheide ich ein echtes Wunder von einem faulen Zaubertrick?

Um die – jedem Argument der religiösen Erfahrung drohende – Konsequenz der Rechtfertigungswillkür zu vermeiden, bräuchte es eine starke, d. h. intersubjektiv akzeptierte Kriteriologie für nicht-intersubjektiv verallgemeinerbare Erfahrungen – und an dieser Stelle bin ich nicht sicher, ob es eine solche Kriteriologie geben kann. Für religiöse Überzeugungen ist es sicher sinnvoll, eine solche Kriteriologie zu haben, aber für religiöse Erfahrungen? Wenn es diese aber nicht gibt (oder geben kann), dann steht der Nutzen des Verweises auf religiöse Erfahrungen für die Rechtfertigung der Vernunft des Gottesglaubens in Frage.

In meinen Augen stellt sich dieses Problem besonders deshalb ein, weil Rosenhauer stark die Außeralltäglichkeit dieser einbrechenden Erfahrungen betont und auch mit einem (normativ qualifizierten) Interventionismus flirtet. Zugleich lehnt sie die Möglichkeit einer direkten, unvermittelten Erfahrung Gottes ab, wenn sie es als eine mögliche, aber nicht notwendige Option betrachtet, von der Erfahrung eines Wunders auf die Wirklichkeit Gottes zu schließen. Warum wird dann aber die Außeralltäglichkeit der Erfahrung des Anderen so sehr betont? Zeigt sich Liebe nicht gerade im Alltag, in den kleinen Dingen? Oder, um eine hegelianische Theorie in kantischer Sprache zu reformulieren: Wird nicht gerade in der Erfahrung von wechselseitiger Liebe eine Wirklichkeit in Anspruch genommen, die es nahelegt, die Existenz Gottes als *Postulat dieser Praxis der Liebe* zu setzen?

Diese kantisch inspirierten Rückfragen an ein Argument in hegelianischem Spirit sollen nicht zeigen, dass eine Theologie, die Freiheit als Schlüsselkategorie zur Explikation einer christlichen Selbst- und Weltdeutung begreift, auf Kategorien wie Anerkennung, Kontextualität oder Geschichtlichkeit der Freiheit verzichten sollte – an der Sinnhaftigkeit dieser Fortschreibungen eines neuzeitlichen Autonomiedenkens habe ich keinen Zweifel. Nur würde ich dafür plädieren, die Stärken bestimmter kantischer Intuitionen – die Idee einer allgemeinen Vernunft von Personen, die ihre Autorität aus sich selbst schöpft und damit Autonomie im Sinne der vernünftigen Selbstgesetzgebung ermöglicht – nachhaltiger in der theologischen Theoriebildung zu etablieren. Daher sollte es im Titel dieser Replik eigentlich nicht ‚Kant VS. Hegel' heißen, sondern ‚Kant UND Hegel' – mit der Zielperspektive einer Theologie, die das kantische Autonomieideal ernst nimmt und zugleich den historisierenden Philosophiestil Hegels integriert.

Die Autorinnen und Autoren

Martin Breul (*1986), Dr. phil., Dr. theol. habil., ist derzeit Vertreter der Professur für Katholische Theologie mit dem Schwerpunkt Systematische Theologie an der Technischen Universität Dortmund.

Aaron Langenfeld (*1985), Dr. theol. habil, ist Vertreter des Lehrstuhls für Fundamentaltheologie und vergleichende Religionswissenschaft an der Theologischen Fakultät Paderborn.

Sarah Rosenhauer (*1984), Dr. theol., ist wissenschaftliche Mitarbeiterin (Eigene Stelle) im DFG Projekt *Pneumatischer Materialismus. Grundlegung einer materialistischen Theorie des Heiligen Geistes* an der HU Berlin.

Fana Schiefen (*1985), Dr. theol., ist wissenschaftliche Assistentin am Seminar für Philosophische Grundfragen der Theologie an der Katholisch-Theologischen Fakultät der Westfälischen Wilhelms-Universität Münster.

FSC
www.fsc.org
MIX
Papier | Fördert
gute Waldnutzung
FSC® C083411

Zeitfracht Medien GmbH
Ferdinand-Jühlke-Straße 7
99095 Erfurt, Deutschland
produktsicherheit@kolibri360.de